研究生教育管理探索与创新

（2022）

主　编◎陈华明

四川大學出版社
SICHUAN UNIVERSITY PRESS

图书在版编目（CIP）数据

研究生教育管理探索与创新．2022 / 陈华明主编
．— 成都 ： 四川大学出版社， 2022.8
ISBN 978-7-5690-5642-6

Ⅰ．①研… Ⅱ．①陈… Ⅲ．①研究生教育－教育管理
－中国 Ⅳ．①G643

中国版本图书馆 CIP 数据核字（2022）第 153747 号

书　　名：研究生教育管理探索与创新（2022）
　　　　　Yanjiusheng Jiaoyu Guanli Tansuo yu Chuangxin (2022)
主　　编：陈华明

选题策划：周　洁
责任编辑：周　洁
责任校对：于　俊
装帧设计：墨创文化
责任印制：王　炜

出版发行：四川大学出版社有限责任公司
　　　　　地址：成都市一环路南一段 24 号（610065）
　　　　　电话：（028）85408311（发行部）、85400276（总编室）
　　　　　电子邮箱：scupress@vip.163.com
　　　　　网址：https://press.scu.edu.cn
印前制作：四川胜翔数码印务设计有限公司
印刷装订：四川盛图彩色印刷有限公司

成品尺寸：148mm×210mm
印　　张：9.5
字　　数：253 千字

版　　次：2022 年 9 月 第 1 版
印　　次：2022 年 9 月 第 1 次印刷
定　　价：58.00 元

四川大学出版社
微信公众号

目　录

党建与思政

培养与管理

党建与思政

新时代研究生思想政治教育话语创新路径研究*

贾瑞琪
（四川大学文学与新闻学院　四川成都　610065）

摘　要：做好研究生思想政治教育工作是落实好立德树人根本任务的基本要求。新时代重塑了研究生思想政治教育话语的时空背景，为了确保研究生思想政治教育的成效，高校必须以研究生群体的自身特征为立足点，以话语创新为导向，切实提升研究生思想政治教育话语的创造力、吸引力和渗透力，这是时代赋予高校和思政工作者的新课题。

关键词：新时代；研究生思想政治教育；话语创新

新时代极大地重塑了叙事话语模式，对高校思想政治教育提出了全新的话语要求与现实挑战。作为高素质人才培养的关键环节，研究生思想政治教育工作关乎经济发展、科技创新与社会建设，提升研究生思想政治教育成效具有极强的现实紧迫性。如何以新时代的客观环境为依托，以创新研究生思想政治教育话语为关键，探索具有时代适应性、实践操作性与现实借鉴意义的研究

* 本文系四川大学研究生思想政治理论研究专项课题“新时代意识形态叙事的数字化转向与研究生思想政治教育创新引导策略研究”（2021YSZ01）成果。

生思想政治教育话语创新路径，更好地推动高质量人才培养，已经成为高校面临的重要课题。

一、新时代研究生思想政治教育话语创新的时空背景

思想政治教育话语是教育者在特定的语言环境下将符合社会要求的思想观念、政治观念和道德规范传递给受教育者，体现了相关的语言表达规则和规律（郑敬斌、刘敏，2020）。“符合社会要求”表明思想政治教育话语的表达深受其所在时空环境的影响，换句说话，特定的时空环境塑造了话语的呈现、话语的表达以及话语的传播效果。就研究生思想政治教育话语而言，新时代，其话语创新需求不仅受到社会时空背景的影响，而且具有深刻的现实意义。

（一）是落实好立德树人根本任务的基本要求

教育的根本任务是立德树人，培养德智体美劳全面发展的社会主义建设者和接班人。作为为国家培养社会主义现代化建设所需科研创新人才的重要抓手，研究生人才的培养必须全面贯彻党的教育方针，落实立德树人根本任务。其中，思想政治教育在立德树人过程中发挥着重要的基础性作用。将立德树人基本理念融入研究生思想道德教育、文化知识教育、社会实践教育各环节，把社会主义核心价值观融入研究生育人全过程，开展各类理想信念教育、爱国主义教育、红色文化教育，增强研究生群体的“四个自信”，厚植研究生群体的爱国主义情怀，从而为其把好思政关，是全面落实立德树人根本任务的关键所在。而要实现这一目标，不断顺应新时代的发展需求、创新思想政治教育话语至关重要。“思想政治教育话语创新应用的本质，是为了引导人们认同和深入学习政治观念、思想观点、法律法规、道德规范等，是教育者在教育过程中对语言运用的总结与提炼。”（许倩、郭伟，2021）高校在研究生群体的思想政治教育方面已经有了丰富的积

累和成效，亟须对研究生群体进行更深层次的教育和引导。

（二）是顺应网络话语发展的必然选择

网络社会的发展客观上促进了网络话语的转变。新时代，技术主导为话语的呈现提供了更多的可能。较传统媒体，人工智能时代的传播内容具有更为强势的话语穿透力。不仅可以突破网络圈子，拓展话语的辐射面、提高话语的影响力，还可能会导致虚假信息的蔓延，增加信息辨识的难度。同时，部分强势话语甚至可以动摇个体的理性，左右个体的思想观念和意识形态观念，对个体的判断力产生影响，导致偏见的产生。而由于科研工作的需要，研究生群体的网络使用程度远远超过本科生。尽管其接受过系统的学术训练，具有一定的理性辨别力，但在网络空间的复杂环境中，这一辨别力还需进一步提升，而且多数研究生群体正处于从学校进入社会的过渡阶段，在人格特征方面，既保有学生身份的单纯性，也具有社会身份的复杂性。面对形式多元的话语表达、真假难辨的信息传输以及更具隐蔽性的意识形态话语冲击，学生极易迷失其中，受到不良观念的误导。这都在客观上对探索研究生思想政治教育的话语创新、提升思政教育效果提出了要求。

（三）是防范意识形态风险的关键举措

意识形态工作是党的一项极其重要的工作。新时代，我国的经济社会发展处于结构调整、动力转换、加速转型的关键时期。在全球互通、利益多元的新格局下，意识形态领域呈现出高度的复杂性和隐蔽性，意识形态风险的频率、等级都在不断提高。以美国为首的西方势力极力鼓吹“中国威胁论”“马克思主义过时论”等论调，在国际社会诋毁中国，同时凭借强大的科技、信息传播优势，通过媒体宣传、文化渗透等方式向人民群众灌输西方观念（董静，2020）。高校是意识形态工作的重要阵地，作为高素质人才，研究生群体极易成为西方意识形态攻击和渗透的敏感人群。因此，做好研究生思想政治工作不仅是研究生日常教育与培养工作的重要内容，更是新时代抵御防范意识形态风险的关键举措。

二、新时代研究生思想政治教育话语的现实困境

研究生群体作为高层次人才培养对象，在国家经济建设和科学技术创新中发挥着重要的支撑作用（李莹，2021）。官方数据显示，2020 年，我国在校研究生已达到 286 万余人，并以每年超过 25%的速度递增①，研究生思想政治教育工作的紧迫性不言而喻。然而，由于种种原因，当前的研究生思想政治工作仍然存在很大的不足。

（一）话语渠道狭窄，传播效力受限

话语渠道是话语得以传播的基础，渠道的畅通与否直接关乎话语传播效力的高低。当前，在研究生思政教育中，话语渠道不足的问题依然存在。大体而言，传统的研究生思想政治教育话语渠道可分为三类：一是学校相关部门牵头搭建的思政教育平台和下发的思想政治教育学习安排；二是思想政治教育课堂；三是日常思想政治活动或实践。

目前来看，一方面，研究生思想政治教育对既有的三类渠道使用力度不足。具体而言，高校内部既有平台资源欠缺，又缺乏专人专事统筹规划。平台的专业性和针对性不强，信息内容混杂，除了思政类的内容之外，充斥大量事务性内容，且针对研究生群体的思政平台设立较少，内容精准度不足。此外，思想政治教育课堂还停留在就课程内容谈课程内容的层面，束缚了话语的

① 中华人民共和国教育部．各级各类学历教育学生情况[EB/OL].[2021-09-25]. http://www.moe.gov.cn/s78/A03/moe_560/jytjsj_2017/qg/201808/t20180808_344698.html.

多元性。在学生组织、社团等召开的教育学习活动中，其效果也参差不齐。这些都大大削弱了既有话语平台的传播力。

另一方面，研究生思想政治教育也存在对新的话语渠道开拓不足的问题。当前，随着信息传播技术的发展，各类传播平台层出不穷，作为信息时代成长起来的一代，研究生群体对新兴平台的利用度和沉浸度达到了前所未有的程度。B站、抖音、快手、知乎、豆瓣等已经成为研究生群体聚集的热门平台。然而，在研究生思想政治教育中，对这些新兴平台的挖掘和使用还远远不够。少数建立了账号的高校，也存在内容枯燥、形式单一、同质化强、表达生硬等问题，不利于平台功能的发挥。这些都在很大程度上限制了研究生思政教育的话语渠道，导致话语表达不畅。

（二）话语模式老旧，创新意识不足

话语模式老旧也是当前研究生思想政治教育中存在的问题之一。话语模式，简单而言便是话语的表达方式。在研究生思想政治教育中，不仅要关注“说什么”，也要掌握“怎么说”。然而，由于话语创新方面的不足，当前的研究生思政教育话语表现出模式老旧的困境。

首先，思政课程模式亟待更新。研究生阶段的思想政治课依然沿袭了大学阶段的理论讲授模式，如“马克思主义与社会科学方法论”“中国特色社会主义理论与实践研究”等，均是以理论讲授为主。未能结合新时代背景下的传播特征和研究生特点对课程内容进行有效调整，也未能发挥智能传播平台的资源优势充盈课程内容，限制了话语效果的发挥。

其次，思政教育方式过于单一。各类思想政治教育构成了研究生思政教育话语的重要组成部分。在具体执行过程中，研究生思想理论学习主要以学校相关政策文件为指引，以班级、党支部、社团、学生组织等为单元展开，缺乏将理论学习与研究生现实特征及需求相结合的思维理念。由于学习形式单一，不少思政

学习成为自上而下的“任务式”理论学习。话语形式的单一大大降低了研究生群体的兴趣，导致思政话语能够“入眼”，但未能真正“入脑”和“入心”。

最后，教育主体的系统性话语创新意识欠缺。研究生思想政治教育要求多元主体的参与和协同，这其中不仅包括学校、学院相关部门和思政课教师，同时也包括专业课教师、辅导员及研究生导师，这些主体构成了研究生思想政治教育各环节的执行者，缺一不可。在具体实践中，各主体的话语创新意识与创新水平参差不齐，多数主体沿袭旧有的说教式、灌输式话语模式，未能顺应时代背景对思政教育话语进行创新。

（三）话语精准度欠缺，脱离对象需求

话语对象的特征决定了话语的特征。因此，研究生思想政治教育话语的针对性对提升教育效果至关重要。相较于本科生，研究生的独立自主意识更强，加之专业和导师的细分化，其情感链接更多地以实验室、学术小组、师门等为单元，与班级的联系较为松散。尤其是博士研究生，其课程较少，学科方向划分更细，个体行动多于集体行动。且由于科研任务重、学业压力大，研究生群体的思政教育更要求与其实际需求相结合，调整话语方式。

然而，就当前的研究生思政教育而言，很多高校依然采用“本、硕、博贯通式”思想政治教育模式，即本科生、硕士生和博士生学习相同的思想政治内容，使用相同的话语方式，采用相似的学习模式，提交相近的学习材料，采取相同的评价和考核手段。这就导致研究生思想政治教育的话语存在如下问题：一是精准度不足，没有依据研究生的实际学习、生活、情感情况进行有针对性的话语调整；二是深入度不够，未能根据研究生的学习、思想、认知层次来进行符合对象身份的话语整合；三是接近性欠缺，未能立足研究生群体的兴趣爱好、需求、痛点进行相匹配的内容设计。对话语对象特征的重视不够，导致研究生思想政治教育话语脱离了教育的现实语境与对象的实际特征，最终影响了教育成效。

三、新时代研究生思想政治教育话语的创新路径

研究生思想政治教育事关立德树人根本任务的落实，要放在世界百年未有之大变局、党和国家事业发展全局中来看待，要从坚持和发展中国特色社会主义、建设社会主义现代化强国、实现中华民族伟大复兴的高度来筹划（徐晓明，2019），要融入研究生教育的全方位、全过程，以思政教育铸魂，培育新时代高水平人才。面对新时代带来的诸多困境，传统模式下的研究生思想政治教育模式亟须调整，力求提升“三力”。

（一）转变话语思维，发挥话语创造力

话语思维是教育主体的教育逻辑在时代发展中的具体体现。新时代，传播环境、受众群体特征、话语平台等的迅速变革都亟须研究生思想政治教育做出话语思维调整。

其一是要有求新思维。尽管思想政治教育的内容有其基本的规范，已经形成了科学的内容体系，但在具体实践过程中，可以努力求新。如角度新，即从研究生群体喜闻乐见的角度切入思想政治教育。可以将科研与思政教育的主题结合起来，启发学生思考学术研究与个人成长、社会发展之间的关系；再如主体新，可以培养一批研究生作为思想政治教育的学生主体，一方面他们可以发挥带头引领作用，做到自组织、自教育，另一方面他们也可以作为小导师，参与本科生思想政治教育的活动，引导他人的同时提升自己，如四川大学的党支部“宣讲团”便是这一模式的探索。

其二是要有求异思维。所谓求异思维，指的是如何做到与众不同。当前，研究生思想政治教育已经进入稳步成熟期，但同时也面临同质化现象严重、千篇一律现象突出等问题，导致执行力

新时代研究生党支部建设模式的实践探索

——以四川大学历史文化学院旅游管理专业研究生党支部为例

石　琼

（四川大学历史文化学院　四川成都　610000）

摘　要： 新时代背景下，研究高校研究生党支部建设的提升路径，是推进高校党建工作的时代课题之一。本文以四川大学历史文化学院旅游管理专业研究生党支部为例，研究该支部如何通过“党建＋专业”的工作路径和“师生合创”的共建模式，经过4年的实践培育，探索出一种研究生党支部建设的新模式。

关键词： 研究生党支部建设；新模式

党的十九大报告指出，基层党组织建设要以提升组织力为重点，突出政治功能，推进党的基层组织设置和活动方式创新。这为新时代高校党支部建设提出了新目标和新要求。高校学生党支部是高校基层党建的重要组成部分，直接影响高校基层党建工作整体质量，对于全面贯彻党的教育方针、培养新时代中国特色社会主义合格建设者和接班人、实现高等教育内涵式发展和落实立德树人根本任务具有重要意义。

研究生党支部以研究型、专业型学生党员为主体，具有更明显的学科特点和专业特色，是高校学生党支部建设的重中之重。在新时代背景下，研究高校研究生党支部建设的提升路径，是推进高校党建工作的时代课题之一，具有现实紧迫性。做好新时代研究生党支部建设工作，必须按照新时代基层党建工作的总体部署，积极创新党支部建设模式，着力提高研究生党支部组织力，激发每一位党员的积极性和创造性，从而在广大师生中形成较强的感召力和影响力，起到示范、引领、服务和辐射带动作用。

一、背景

四川大学历史文化学院旅游管理专业研究生党支部是集合旅游管理专业优质力量构建的一支在思想引领、学术研究、社会服务等方面全方位多元化发展的优秀学生党支部。支部以打造全院最精良的基层党组织为目标，以服务更广大师生为宗旨，通过对全专业研究生党员同志的综合考量，选取一批优秀党员同志进入支部，同时根据推优入党原则，积极吸纳优秀人才。支部成立于2018年1月，由1名专业教师担任党支部书记，现有13名正式党员、3名预备党员和2名入党积极分子，其中博士生3名，硕士生14名，党员平均年龄在30岁以下；学生党员分属旅游管理、酒店管理、会展与节事管理等多个专业方向，学科融合性强；涵盖学院研究生所有年级，覆盖面全，党员先锋模范作用辐射范围广。

旅游管理专业研究生党支部的成立，是四川大学历史文化学院党委近年来在研究生党支部设置上的一次创新尝试，它打破了以年级、班级条块式划分支部的模式，同时又避免了师生混编定位不清的缺点。党支部以学生党员为主体，选派1名优秀的专业教师为党支部书记，旨在发挥党支部书记在党建和业务双融合、双促进中的中坚骨干力量，通过“党建+专业”的建设路径，突出专业特点和学科建设，把党建融入学生培养，实现立德树人和为党育人目标，以此探索一种研究生党支部建设的新模式，全方位提升基层党建工作水平，促进基层党建工作提质增效。

二、实践举措

（一）政治引领，坚定理想信念

支部建设首先要突出政治功能，引导学生向党组织靠拢，保证政治方向不动摇。旅游管理专业研究生党支部创新党建机制，创新“三会一课”、主题党日活动载体，强化党员理论素养、理想信念教育，把政治标准和政治要求融入每一次党组织生活，力求每次活动突出党性、“党味”，强化党内生活的庄重感，确保组织生活主题鲜明、形式多样，使组织生活真正成为党员政治学习的阵地、思想交流的平台，并要求每位党员身体力行，发挥党员示范作用。在党史学习活动中，支部把学习“四史”与当前新时代中国特色社会主义事业的实践联系起来，做到深学深悟，在深入学习“四史”的过程中践行初心，加强青年学生的政治定力、党性锻炼、能力淬炼。支部党员涵盖研究生各年级，有针对性地开展颇具特色的“党员学长”主题分享会、“我和学术论文有个约会”交流会等。支部党员还踊跃参加“蓉耀青年”成都大学生新思想宣讲团，推动理论进头脑、宣讲接地气。通过“四史”学习等主题教育活动，党员学生在受教育、受洗礼中增强了“四个自信”，立志做共产主义事业的坚决拥护者。

（二）红色育人，结合学科特点开展主题活动

党支部组织全体党员开展“献礼建党百年”系列活动，活动内容紧密结合学科专业优势，以红色旅游规划项目和“三会一课”的有机结合为切入点，形式丰富多样。一是开展红色旅游资源调研，促进红色旅游资源建设。支部通过开展“红色旅游座谈会”“参观江姐纪念馆”“长征文化公园资源调查”等活动，为红

色文化建设积极建言献策，为长征文化公园建设、成都市红色资源建设服务，并提交研究报告、编制红色文化行动方案。二是在"互联网+""挑战杯""成渝双城经济圈"等国家重要创新创业竞赛中，围绕红色赛道、红色资源开发利用等具有鲜明特色的党建与思政主题，将创新创业教育贯穿人才培养全过程，所培养的学生获第四届中国"互联网+"大学生创新创业大赛金奖。通过开展与专业结合的支部活动，充分调动党员积极性，发挥党员主体作用，将党支部建设与教研室学科建设、组织生活与教学研讨聚焦到一起，促进党性修养和专业能力共同提升。

（三）共克时艰，突显青年党员的时代担当

2020 年，在新冠疫情的大背景下，党支部积极组织和鼓励党员同志冲锋在前，利用专业所学，积极参与抗疫行动。一是发挥学科优势，开展科学抗疫科研活动。支部党员共承担了 3 项疫情研究项目，支部书记与全体党员为中央、省、市各部门提供咨询报告达 30 余份，助力打赢疫情防控战。其中，《四川大学专家关于高度重视防疫与复工中引发公众负面情绪的若干问题的建议》《关于文旅产业复苏全国"一盘棋"的战略思路与"健康文旅"的建议》等咨询报告为政府决策提供了有益参考。二是突显支部战斗堡垒作用，勇于对外发声。在 2020 年全球疫情急速蔓延，个别国家对我国"泼脏水"、恶意抹黑的大背景下，支部全体党员团结一致，拿起笔杆子为国发声，回击海外"污名化"，团队发表高水平研究论文，客观科学地评估了疫情对我国旅游经济的影响。三是知行合一，科学助力复工复产。作为旅游管理专业党支部，主动担起责任，为旅游业复工复产、国家经济高效恢复保驾护航。师生共同在学习强国等平台发表关于文旅行业复工复产的文章，引导旅游业有序恢复发展；开展全网授课，为全国文旅行业从业者提供指导和专项培训，参与人数超过 300 万人次。支部青年党员磨炼意志、练就本领，用实际行动诠释了青年党员的责任担当。

（四）聚焦重大需求，以“办实事”提升支部建设实效

支部全体党员聚焦乡村振兴、脱贫攻坚、区域和行业发展的重大需求，为对口支援地区提供专业培训与辅导，支持文化和旅游产业重要支撑平台创建等。一是旅游扶贫方面，充分发挥学科优势，助力精准扶贫、精准脱贫，支部积极参与四川大学对四川省凉山彝族自治州甘洛县的对口扶贫工作，开展甘洛县文化旅游资源调查项目。此外，支部党员到贵州省、四川省、重庆市等3个省市的10个贫困县，综合运用经济学、地理学、旅游学等知识剖析存在的问题，促进旅游精准扶贫和乡村振兴事业发展。二是教育扶贫方面，支部党员深入凉山彝族自治州开展支教服务，服务期间开展“禁毒防艾”大宣讲活动、“索玛花儿”一对一援助计划、“暖冬计划”、“童伴计划”、“雏鹰计划”等一系列扶贫扶智扶志工作，累计覆盖约3000人，为凉山彝族自治州甘洛县的教育扶贫工作做出了积极贡献，为彝族同胞的脱贫攻坚、教育发展、人才培养、移风易俗等做出了积极努力。上述一系列“办实事”的社会实践活动，展现出青年的责任、彰显出青年的使命、贡献出属于新时代青年的力量，使得支部同志心向党，跟党走，增强了支部的向心力、战斗力。

三、成效思考

支部自成立以来就以建设示范支部为目标，高起点高标准，通过“党建+专业”的工作路径和“师生合创”的共建模式，不断激活团队内生动力，使支部的示范引领作用进一步突显。经过4年的探索与实践，支部在以下四个方面取得了丰硕成果。

（一）增强组织功能，提升党支部组织力

支部自成立以来，受到学院党委高度重视，在人员、经费各方面得到大力支持，通过顶层设计、建章立制，强化组织功能。

一是通过配强党支部书记，增强支部核心领导力。党支部书记由政治素养高、业务能力强的专业教师担任，发挥出“双带头人”的双向引领带动作用，在号召力、感召力方面更胜一筹，加强了团队的凝聚力。二是加强支部制度化规范化建设，强化组织生活的管理和规范，严格党的组织生活，使日常党性教育更经常化，支部建设更具体化、精准化，在“三会一课”方面不断丰富活动载体，创新活动内容，增强活动实效，提升党员参与热情和主动性，增强支部吸引力，把党支部建设成为坚强的战斗堡垒，激发每一位党员的事业心和责任感，促进党员全面发展。

（二）党建与专业建设高度融合

支部结合自身学科优势进行科学定位，将“党建+”融入教学科研的专业建设，重点提炼党建工作和教学科研工作的主题主线，把红色旅游文化的价值挖掘融入人才培养的全过程，根据现实社会需求激发党员对专业的认同感和价值感，特别是在疫情危机和乡村振兴中，更大程度地激发党员的爱国情怀和历史使命感，激发他们用专业所学报效祖国的热情，切实将支部党建工作贯穿科学研究、社会服务、学生活动、学术交流等各个领域，将一流党建融入一流学科发展，实现了价值引领，形成党建工作新内涵和新亮点。

（三）多措并举，促进学生全面发展

在支部建设中，强化党建育人，在人才培养上发挥重要作用，以党建引领青年学生发展和成才，为党和国家培养政治上过硬、专业上精通、具有历史使命感和社会责任感的青年学生，最大限度地调动他们的主动性、积极性，进而在教学、科研、学习、工作中真正发挥党员的先锋模范作用。支部成员在专业能力提升与综合素质发展方面始终积极进取，近年来发表多篇高水平学术论文，参加学术会议和参与重要科研项目，“头雁”效应明显，在疫情的大背景下，支部第一时间将学习重点转移到疫情及其对旅游业的影响上，在SSCI来源期刊上发表疫情相关论文6篇，其中两篇被中国国际电视台（CGTN）进行了视频采访报道，受到了国际媒体澳大利亚珀斯邮报报道。此外，多位支部成员获得国家奖学金、学业奖学金，获得“优秀研究生干部”“优秀共青团干部”“优秀毕业生干部”等奖项，成为富有创造力的团队型党支部。

（四）示范引领作用突显，提升基层党建工作质量

支部以跨年级的设置模式，推进“党建+专业”融通教育，将党建引领有效融入人才培养及专业建设的全过程，将支部“组织力”转化为每一位党员专业提升的“发展力”，实现党务和业务同向发力、联动提升。学院以此发挥支部引领和辐射作用，创新党建机制，在其他各支部加强了党支部工作与专业建设的融通，通过师生相互作用，增强了对党建工作的有效支撑，提升了工作实效，实现了党建与业务工作、教书育人等专业建设版块的深层对接，把党组织的领导力和组织力转化为推进中心工作的强大动力，实现了党建与学院中心工作彼此融合、相互助力，促进事业新发展。

综上所述，在新时代，全面提升支部建设水平是一流党建的重要抓手，是全面提升人才培养质量、实现高校立德树人根本任务的必由之路，我们必须在实践中总结和思考，不断创新工作思路，实现新突破和新发展。

参考文献：

中国共产党第十九次全国代表大会文件汇编［M］. 北京：人民出版社，2017.

新文科背景下研究生党支部建设及作用机制研究*

何玉霞　戴家权　熊洛奕　田　源　石　琼

（四川大学历史文化学院　四川成都　610065）

摘　要：研究生党支部建设作为高校基层党建的重要组成部分，在推动高校思政工作中具有不可替代的作用。本文基于新文科建设背景，运用问卷调研与访谈等实证方法，深入分析了高校研究生党支部建设的内在作用机制。实证结果表明，研究生党支部建设既要在党员思想修养、师生主体协同、支部组织生活、支部制度建设四个方面全面发力，又要有所侧重，相互配合，以最大限度发挥各主体在党建工作中的协同效应。

关键词：研究生党支部；作用机制；实证启示

一、研究背景

高校党支部作为高校基层党组织的重要组成部分，在开展思想政治教育、发挥党员示范引领作用和加强党员管理等方面具有举足轻重的作用。随着高等教育的不断发展，研究生逐渐成为高

---

* 本文系2021年度四川大学研究生思想政治理论研究专项课题（2021YSZ08）研究成果。

校人才培养的重点对象，研究生党支部建设工作成为高校基层组织建设的重中之重。党中央、国务院以及多部委多次发文，强调要加强研究生党支部建设工作、充分发挥研究生党支部示范作用，指出搞好研究生党支部建设不仅能够很好地助力新时代高校基层党建工作开展，而且对坚持党对教育的全面领导，夯实从严治党的纵深成效，培育勇担中华民族伟大复兴重任的社会主义建设者和接班人，具有深远意义（宋晓东，2017；王欣、周培松，2016）。有鉴于此，深入剖析高校研究生党支部建设及其作用机制，探究如何发挥研究生党支部思想引领、政治教育的战斗堡垒作用，具有重要的理论价值与实践意义。

然而，尽管政府部门持续关注、政策设计重点强调，但研究生党支部建设在实践中仍面临挑战。首先，由于研究生群体党员比例较高、科研任务繁重、社会构成复杂、思想认知差异大，社会上一些不良的价值取向对部分同志的负面影响不容小觑。其次，研究生学制较短、校园群聚生活少、学术性强、团队参与度低等特征也使得研究生党支部建设中存在党员思想教育引领较为薄弱、党员先锋模范作用发挥不够、支部监督管理力度稍欠、支部党建活动内容单一等诸多问题。

目前，研究生党支部建设研究主要围绕概念剖析、现状研究、制度建设、改进措施等方面展开。例如，刘兆磊（2008）将研究生党支部建设划分为党建管理、支部设置、党校培训、党员发展、考核评价机制等五大维度以及理论知识学习、学术交流、社会实践、网络思政等四大活动载体。谭杰（2010）探究了新形势下的高校研究生党建工作在观念和载体层面的创新思路。杨腊等（2021）以学科为依托，尝试在学科、实验室、课题组上建立党的组织，构建以制度建设、组织模式、党性教育、活动形式、“互联网 + 党建”为主的五大协同育人模式。赵壮（2021）探索了新农科背景下高校研究生党支部建设的重要性，提出“研究生党支部适合以科研团队等为单位建立纵向党支部”的思路，并指出农科院校的研究生党支部不仅要抓思想政治建设，更应该注重组织建设以及教育管理模式与研究生人才培养的目标相适应，应该有效结合农林业生产实际、发挥科研实践专业优势。此外，有学者指出，目前研究生党支部建设的优化路径更多地适用于科研团队稳定且有规模的理工科背景院校，针对新文科背景下的党支部建设存在的支部设置过度依附班级、支部存续期短、整体管理难度大等典型问题（苏雅倩、肖启睿，2021），更需要结合新文科背景下的研究生党员分布特征和学科专业特点，系统且有针对性地探究新文科背景下研究生党支部建设及其内在作用机制。

综上所述，关于研究生党支部建设的研究已经取得了许多有价值的成果，研究的广度和深度也在不断拓展，这为本研究的开展提供了有益启示，但已有研究仍存在一定的局限性，主要体现在以下三个方面：一是多数研究侧重于对研究生党支部建设相关理论的阐述，缺乏具体深入的实证考察研究；二是对人文社科研究生党支部建设研究关注不够，不利于指导新文科背景下人文社科研究生党支部建设；三是现有实证研究大多专注于研究生党支部建设的某一方面，尚未明晰高校研究生党支部建设的内在作用机制。

有鉴于此，本研究基于新文科建设背景，通过理论推演与文献综述，结合研究生党支部现状，深入探究高校研究生党支部建设的内在作用机制（见图 1），并通过问卷调研与访谈等方法对其内在作用机制进行实证分析，以期丰富研究生党支部建设研究，为人文社科研究生党支部建设提供参考。

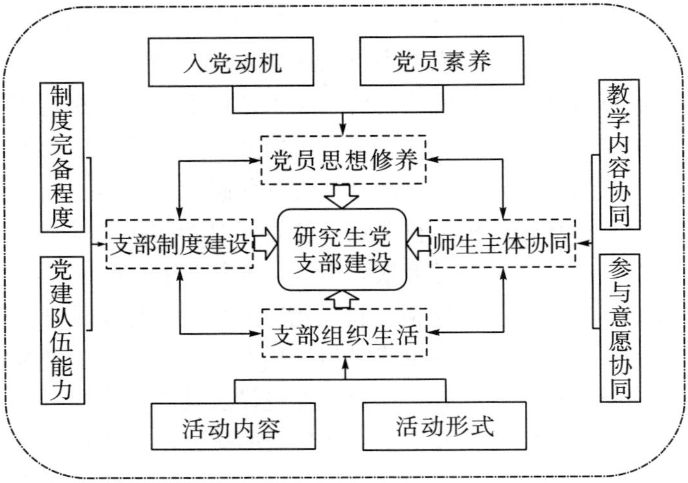

图 1　研究生党支部建设的内在作用机制图

二、研究方法

本文采用“文献梳理－理论推演－实证检验”这一研究范式，对研究生党支部建设问题展开研究。首先，通过文献查阅、理论推演分析研究生党支部建设现状及其内在作用机制；其次，通过问卷调查与访谈等方法进行实证检验；最后，基于实证结果总结出研究启示并提出相应对策。

（一）调查实施

本文的调查地点为我国西部某高水平研究性综合型大学，人文社科学科门类齐全，因此调研结果具有较强的代表性与典型性。本次调查对象包括来自该校 8 个主要人文社科学院的研究生党员（包含预备党员）和党支部支委会成员。在正式调查前，课题组先进行了小规模的预调查，根据结果反馈对调查问卷进行相应调整，以提高调查的准确性与有效性。

（二）问卷统计

此次调查共发放问卷285份，收回有效问卷261份，问卷有效率为91.6%。调查对象的基本特征如表1所示。

表1　样本基本特征

特征	分类	人数/人	百分比
性别	男	88	33.72%
	女	173	66.28%
身份	普通党员	202	77.39%
	党务工作者（包含支部委员）	59	22.61%
党龄	3年以下	149	57.09%
	3~5年	67	25.67%
	5~10年	32	12.26%
	10年以上	13	4.98%
所处阶段	硕士研究生	200	76.63%
	博士研究生	54	20.69%
	高校党务教师	7	2.68%

三、研究结果

（一）内在机制总体分析

统计结果显示（见图2），党员思想修养、师生主体协同、支部组织生活、支部制度建设的得分均值分别为3.7375、4.0064、4.1398、4.2043，整体分数均处于高位，但内部亦存在分化趋势。这表明高校研究生党支部建设工作虽取得了不错成效，但仍存在不小的提升与改善空间。

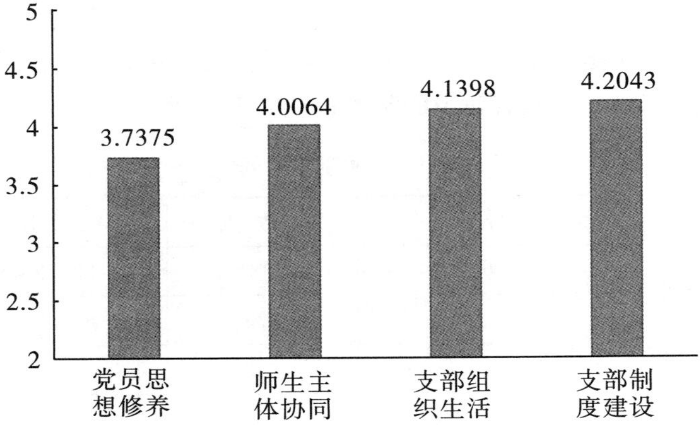

图 2　高校研究生党支部建设各维度得分情况

（二）内在机制分维度具体分析

1. 党员思想修养

从入党动机的调查结果来看，绝大部分调查对象（90.42%）认为入党是为人民服务，入党动机较为纯洁；同时，有少部分调查对象入党是为了实现其个人目标，功利性比较明显，例如67.05%的调查对象认为入党是一种荣誉，22.99%的调查对象则是为了获取个人发展资源。

由图 3 可知，大部分调查对象在学习党的基本理论知识、切实提高自身党性修养、发挥党员先锋模范作用等方面均有着不错的表现。然而，值得关注的是，仍有部分调查对象存在思想政治素质较低与党性修养不高等问题，具体表现为：47.89%的调查对象认为自己对党的基本理论知识掌握得一般，25.67%的调查对象认为自身党性修养一般，41.76%的调查对象认为自身的“先锋模范作用”水平一般。结合党员思想修养 3.7375 的均分（图 2），充分说明研究生政治思想教育仍显薄弱，仍需加强和改进。提升研究生党员党性修养是一场持久战，需要高校党委及各基层党组织的高度重视与持续跟进。

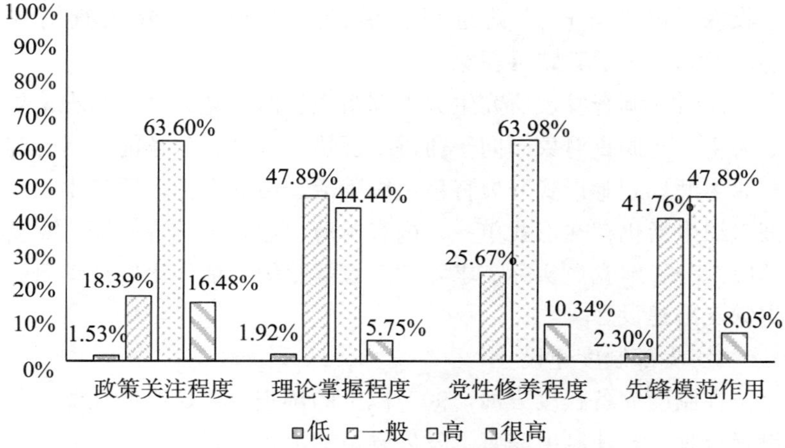

图 3　研究生党支部党员思想修养情况

2. 师生主体协同

虽然师生主体协同维度得分（4.0064）情况较为良好，但从其内部调查结果来看，仍存在较多需要解决的问题。如，24.52%的调查对象认为组织生活理论与实践相结合程度一般，超过 30%的调查对象对组织生活与所学专业结合紧密程度持负面评价，35.25%的调查对象认为高校教师在研究生党支部建设中发挥了作用但效果不显著。

由此可见，如何推动教学相长、理论与实践相结合、党建发展与学科创新相融合，提升高校教师党建工作参与程度，充分发挥其专业引航、实践引路的作用，仍是研究生党支部建设中的重要议题。

3. 支部组织生活

总体而言，调查对象对党组织生活的参与意愿、满意程度以及收获程度均得分较高，96.94%的调查对象表示经常或者每次都参加党组织生活；88.89%的调查对象对党组织生活的内容和形式给出正面评价；绝大部分调查对象表示在党组织生活中有一定收获。然而，谈及党组织生活开展效果，部分调查对象（37.93%）表示其缺乏新意。

同时，调查发现研究生党支部组织生活以党员会议与理论学习为主，而调查对象倾向于通过实证热点分享、公务能力提升与职业生涯规划等形式开展特色组织生活。由此可见，研究生党支部组织生活仍存在形式单一、内容单薄、创新不足等问题，党支部应充分了解党员实际需求，切实发挥组织生活作用以推动研究生党支部建设。

4. 支部制度建设

在制度完备程度方面，90%以上的调查对象认为所在党支部设置合理、党建制度完善、发展党员的流程严格且规范、制定且严格遵循三会一课制度，同时认为研究生党支部建设受到上级党委重视。然而，仍有部分调查对象（14.56%）认为制度（如谈心谈话制度）落实效果一般，这说明虽然研究生党支部制度完备程度较好，但仍存在着制度落实不到位的现象。

在党建队伍能力方面，党建队伍政治理论水平、日常业务能力以及工作创新能力受到了大部分调查对象（>75%）的认可，同时，仍有部分调查对象（<25%）对党建队伍的政治理论水平与工作创新能力提出质疑（如图 4、图 5）。可见，党建队伍虽比较出色地完成了研究生党支部建设的基础工作，但仍需在提升政治理论水平与组织活动创新能力上有所突破，以求更好地服务基层党建工作。

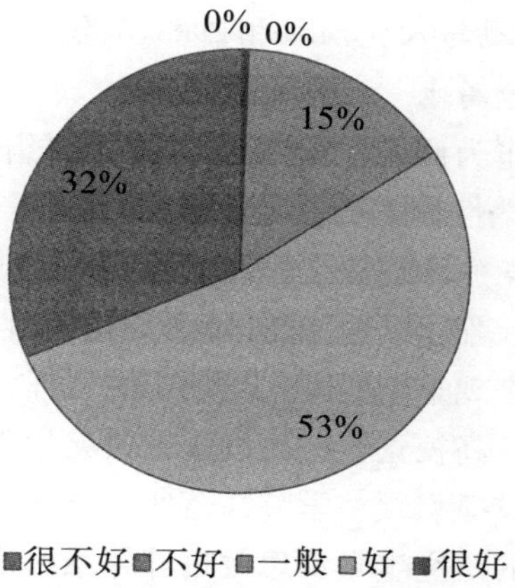

图 4　党建队伍政治理论水平

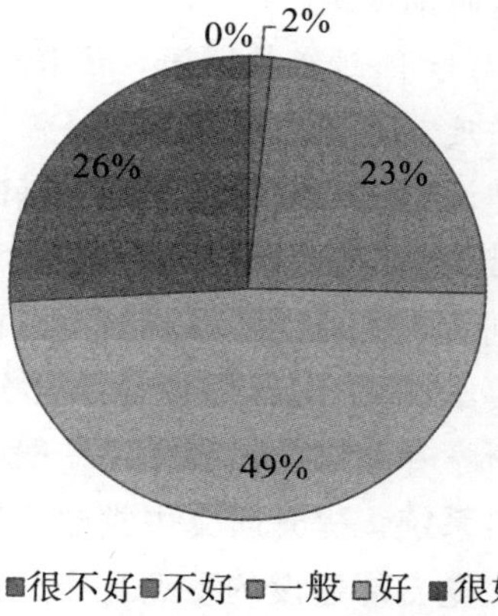

图 5　党建队伍工作创新能力

四、研究启示

基于机制分析与调研结果，本文提出以下四条研究生党支部建设的实证启示。

（一）思想表现与入党动机相匹配，提升党员党性修养，筑造研究生思想政治高地

研究生党员作为研究生党支部中的重要组成部分与活动个体，不断提升其党性修养、思想表现，督促其始终保持入党初心，是高校基层党建的重点工作。问卷结果表明绝大部分党员的入党动机是为人民服务，然而部分党员在党性修养方面表现不足，呈现出思想表现未能匹配入党动机的特征，出现了放松懈怠的现象。基于此，高校党委应高度重视研究生党员的思想政治教育工作，坚持学校抓引领、学院抓落实、导师重参与、党员重自学“四位一体”的研究生党员思政培养体系，形成研究生思想政治工作的合力，不断提升研究生党员党性修养，在研究生党支部努力筑造研究生思想政治高地。

（二）党建发展与学科创新相协同，依托优势学科资源，提升研究生党建工作高度

研究生党支部建设自觉牵引与主动服务基础学科建设，对于发挥优秀党员学科带头作用、增强学科团队战斗力凝聚力，充分促进学科交叉融合创新，实现党建发展与学科良性协同发展具有重要作用（舒之群，2021）。问卷调查显示部分党员认为党支部开展的组织生活与所学专业结合紧密程度一般，说明如何协调研究生党建系统与学科系统，提升研究生党建工作与科学研究深度融合，已成为研究生党支部建设的重点工作。在新文科建设背景下，如何夯实基础学科，推动学科专业交叉融合，建设一批形式载体丰富、方法手段新颖、学术内涵深厚的精品文科课程成为重要议题。高校研究生党支部建设应借助人文社科改革契机，立足于文学、历史学、哲学、法学等优势学科资源，积极开展“党建+文化”“党建+理论”“党建+制度”等系列研究，丰富研究生党支部建设工作内容，创新党建工作方法，提升党建工作高度。

（三）理论塑人与实践育人相结合，结合党员自身需求，拓展研究生组织生活广度

实现研究生党支部组织生活内容与模式创新，要关注研究生党员的现实诉求，探索研究生党支部思政引领生活化的有效途径，实现研究生成长成才与党员管理教育相结合，从而促进高等教育高质量发展。由问卷调查与访谈结果可知，当下党支部组织生活主要侧重于理论学习等方面，而多数党员存在职业生涯规划等方面的需求，研究生组织生活内容和形式在一定程度上呈现出供需错配态势。因此，研究生党支部组织生活的开展应破除旧思维、旧观念，积极创新组织形式与学习内容，拓展研究生组织生活广度。例如，建立扎实的网络学习阵地，大力推进网络思政平台建设，利用学习强国等线上学习渠道，将碎片化的理论学习有机整合，夯实研究生党支部成员理论学习成果。同时，亦可通过政务培训、考察实践、志愿服务等组织生活形式提升支部成员理论修养和实践能力，解决研究生党员的现实需求。

（四）制度建设与队伍建设相统一，加强党建队伍培训，完善研究生党支部制度

制度作为实践经验的总结与升华，是开展研究生党支部工作的基本依据。支委会成员作为党支部的重要组成部分，其综合素养的高低对研究生党支部发展具有关键作用，实现制度建设与队伍建设相统一，方能推动研究生党支部工作水平与质量全面提升。问卷调查结果表明，研究生党支部制度建设与队伍建设表现良好，但仍存在待改善之处。因此，要继续坚持和完善“三会一课”、组织生活会、民主评议、谈心谈话等制度，将制度建设落到实处，并形成长效机制。同时，要通过定期培训、工作考核等方式加强对研究生党支部干部队伍的培养和指导，进一步提升党建队伍的理论水平、管理能力、业务能力与创新能力，努力开创研究生党支部工作新局面。

参考文献：

刘兆磊．高校研究生党建工作的机制优化和载体创新［J］．学位与研究生教育，2008（5）：30－32.

舒之群，郭靖，陈惠芳，等．通过创新基层党建工作模式推动学科融合发展的对策与实践研究［J］．科教文汇，2021（27）：31－34.

宋晓东．新形势下加强高校研究生党支部建设的对策研究［J］．学位与研究生教育，2017（11）：4.

苏雅倩，肖启睿．新形势下人文社科类专业研究生党支部优化设置的路径探索［J］．产业与科技论坛，2021，20（17）：2.

谭杰．新形势下高校研究生党建工作创新研究［J］．思想政治教育研究，2010，26（6）：119－121.

王欣，周培松．高校研究生党建工作项目化管理的探索与实践［J］．学校党建与思想教育，2016.

杨腊，于靖，高艺霞．新时期高校研究生党建模式的探索与实践——构建五大协同育人模式推进研究生党支部建设［J］．产业与科技论坛，2021，20（7）：2.

赵壮．新农科背景下高校研究生党支部建设探究——以福建农林大学为例［J］．高校后勤研究，2021（10）：3.

中共中央国务院．关于加强和改进新形势下高校思想政治工作的意见［N］．人民日报，2017－02－28（1）.

新时代医学研究生党员思想状况调查与对策研究

张　琴　唐秀美　谭丽姝　张爱华
（四川大学华西临床医学院　四川成都　610041）

摘　要：本文通过调查医学研究生党员思想政治意识现状，发现存在的问题，分析原因并提出改进措施，以期进一步创新思想观念，加强发展与管理力度，加强医学研究生党员先进性建设。本文采用自制问卷调查表对西部某“双一流”高校的321名医学研究生党员进行调查分析。结果显示，医学研究生党员思想政治状况总体向好，入党动机纯洁端正、人生观与价值观主流取向积极健康、具有较强的自立意识、注重以理论学习提高自身素质、先锋模范带头作用良好，但责任心、服务奉献意识、政治素养有待进一步提高，成才和就业仍是其关心的主要问题。

关键词：医学研究生；党员；思想状况

党的十九大报告做出了实施健康中国战略的重大决策部署，充分体现了维护人民健康的坚定决心。在2020年抗击新型冠状病毒肺炎疫情的特殊时期，党员医务工作者义无反顾冲上疫情防控第一线，展现了不怕牺牲、特别能吃苦、特别能战斗，对党和人民高度负责的精神面貌。中国梦的实现需要高素质专业化青年队伍，医学研究生党员是青年队伍的重要组成和先进代表，是国家医疗卫生事业发展的活力源泉，更是实现中国梦的中坚力量（贾俊飞，2019），加强对该群体的思想政治意识研究，对充分发挥医学研究生党员的模范带头和引领作用具有重要的理论和现实意义。

随着近年来研究生招生规模不断扩大，多数高校研究生党员的比例达到了40％～50％，但部分医学研究生党员仍存在政治信仰不坚定、“四个意识”“四个自信”方面不够、理论修养不足、先锋模范作用发挥效率低等问题（贾玲玲，2018）。为深入了解当前医学研究生党员的思想现状，为有针对性地加强研究生党员管理与教育提供科学的理论依据，促进高校研究生党建的发展，本研究对医学类研究生党员进行了抽样调查。

一、研究对象与方法

（一）研究对象

本问卷采用方便抽样的方法，选取西部某“双一流”高校的4个医学相关学院、三个年级的在读研究生党员共计400人作为研究对象。回收有效问卷321份，有效回收率80.3％，其中男生80人，女生241人；博士研究生103人，硕士研究生218人。研究对象的基本特征见表1，经正态分布检验显示该资料为非正态分布。

表1　研究对象基本特征

基本特征		数量（人）	百分比（％）
性别	男	80	24.9
	女	241	75.1

续表1

基本特征		数量（人）	百分比（%）
学历层次	硕士	218	67.9
	博士	103	32.1
是否独生子女	是	136	42.4
	否	185	57.6
党龄	＜1年	36	11.2
	1～3年	122	38.0
	＞3年	163	50.8
专业性质	临床性质类	123	38.3
	基础研究类	198	61.7

（二）方法和内容

采用自制问卷调查，问卷内容涉及一般人口学资料（性别、年级、专业、是否独生子女、党龄），入党动机，对政治理论学习的认知、态度、意愿及评价，党员的价值取向、道德品质、思想现状及个人行动，以及对思想政治教育和党的组织发展工作的看法等30个问题。

（三）质量控制

采用问卷星发放问卷，在测试时由辅导员进行宣传，阐明调查的目的、意义、问卷填写要求，以保证调查结果的真实性和准确性。问卷回收后统一汇总、编码和核对，剔除废卷（缺失项大于5%），并在数据录入后执行标准的数据清理程序，如逻辑查错、异常值分析等，以排除录入错误。

二、结果分析

（一）入党动机

入党动机是指一个人要求入党的内在原因和真实目的，也是其思想政治状况、世界观、人生观、价值观的集中体现（陈萌、赵梓辰，2019）。正确的入党动机从根本上决定了研究生党员的基本素质和行为，调查显示，47.7％的党员入党动机是“信仰共产主义，实现自己的人生价值”，41.4％的党员是“入党后在为他人服务的同时也有利于自我发展”，其余党员认为入党是“能更好地发挥自己的作用”或“对就业有利”。这表明绝大多数研究生党员入党动机纯洁端正，入党动机功利化现象比例低，部分党员将入党与个人成长发展联系起来，这是值得肯定的部分，但仍需对其加强思想引领，培养其对共产主义理想的信念。

（二）思想政治素养

本次调查从对学习马克思主义理论及其最新成果的态度、对弘扬艰苦奋斗精神和爱国主义精神的认识、对党章内容的了解等多个方面反映医学研究生党员的思想政治素养。结果显示：98.8％的医学研究生认为学习马克思主义理论及其最新成果可起到指导个人人生、帮助个人理解国家政策方针以及处理生活问题的作用；93.4％的党员在日常生活中关注党的方针政策；99.07％认为有必要提倡艰苦奋斗精神和弘扬爱国主义精神。但对党章了解结果却不尽如人意，仅14.3％的党员非常了解。访谈发现多数基层党组织重视党员发展前的培训考察，党员对党章的学习主要集中在参与党校集中培训的阶段，这提示我们，无论年级高低、党龄长短，均要加强发展后的再培训学习与考核。

（三）理想信念与价值取向

医学研究生党员注重自我价值的实现。调查发现，绝大多数医学研究生党员具有崇高的生活目标，96.9％的党员认为自己的生活目标主要是“实现自己的价值”，但也有约一半的调查者认为次要目标是“衣食无忧”或“赚钱”。这与陆代武的研究类似，研究生党员爱国热情强烈且富有理想，渴望为国家发展做贡献，但是在竞争激烈的社会环境下也有功利心的现实表现（陆代武，2010）。医学研究生党员厌恶的社会现象主要是腐败现象（85.1%）、假冒伪劣产品（66.4%）和分配不公（64.8%）。在对考试作弊行为的看法上，83.2%的党员表示反感且个人从未作弊，但也有16.8%的党员认为“为了考高分，可以理解”甚至持“无所谓”的态度，其原因一方面可能是医学专业考试内容多且复杂、通过率低，另一方面可能与部分医学研究生价值取向偏差、诚信意识淡薄或担心学业失败而不能获取学位产生的心理压力有关（苗梅静、苏鹏飞，2017）。

（四）责任奉献意识

随着全球化的不断推进，西方社会文化思潮对青年人的思想产生了冲击。调查显示，大部分医学研究生党员在学习和生活中态度端正且乐于帮助他人。89.4%的研究生党员在学习和生活中做到了“主动询问并且很乐意帮助比较落后的同学”，但由于学习任务繁重及各种个人因素，10.6%的研究生党员仅“在老师布置后愿意进行帮助”。当个人利益与集体利益发生冲突时，68.2%的医学研究生选择服从集体利益，可见大部分医学研究生党员能够把自己的行为与国家民族的集体命运主动联系在一起。51.4%的研究生党员认为目前影响研究生党员整体形象的主要因素是党员的服务奉献意识弱，76.0%的党员认为最需要改进的是增强研究生党员的责任心。医学研究生党员有着甘于奉献的精神和面对他人生命财产被威胁时挺身而出的勇气。70.4%的党员选择“与他人共同制止”这种更为谨慎的方式，这与近年来宣传的“见义巧为”理念有关，29.0%的党员选择“挺身而出”，体现了医学生党员高尚的内心与令人敬佩的牺牲精神。

（五）先锋模范作用发挥

在党员的先锋模范作用发挥方面，55.1％的医学研究生认为身边党员很好地起到了模范带头作用，但也有42.4％的调查者认为身边的党员“起了作用，但不明显”，个别党员在发展前表现良好，但发展后表现出“入党前一个样，入党后另一个样”，这种现象对周围党员产生了一定的影响，使群众对身边个别党员的评价不高。关于影响党员模范先锋作用发挥的因素，49.8％认为主要是社会因素，32.4％认为是“党员个人因素”。总体来讲，与其他学生群体相比，医学研究生党员先锋模范带头作用良好（刘宇、古丽，2014），但仍有半数党员服务意识不强，党性修养有待提高，这部分党员的表现不利于党员队伍树立整体的良好形象。

（六）理论学习与能力提升

理论学习是保持党员先进性的理论前提和重要基点，理论和政治共同成熟才能充实共产党员先进性的底蕴。本次调查发现，89.4％的党员是出于内心的召唤积极参加思想政治理论学习，9.7％的党员是出于对组织的尊重或纪律要求而参加；83.8％的党员认为党支部组织的政治理论学习活动有意义，84.4％的党员认为当前的思想政治教育工作“切合实际，效果很好”，77.3％的党员认为党支部的党员教育工作“形式多样，内容生动，效果好”。这说明被调查学校及学院在组织活动和学习方面效果较好，得到了医学研究生党员的认同。在思想政治教育的方式上，社会实践（41.4％）和专题报告（31.8％）是医学研究生党员最喜欢的教育形式，这说明医学研究生党员在理论学习上表现活跃、具有创新意识和较强的实践能力（蒋连霞、施亚玲、向兴华等，2019），也提示基层党组织考核指标及教育形式亟待创新。

（七）党员心理状况

党员出现思想困惑时，如果能够首先想到向所在基层党组织求助，就说明该组织与其成员在情感上建立起了足够的信任与依赖关系。调查发现，仅32.1%的党员“经常主动向党组织汇报思想工作和学习情况”，45.2%的党员“偶尔主动汇报”，22.7%的党员“被要求时才汇报”。当医学研究生党员出现思想困惑时，68.2%选择“自我调节”，而选择向党组织负责人倾诉的只占20.6%，这说明医学研究生党员具有较强的自立意识，更愿意独立解决问题。党组织负责人虽然在解决思想问题方面经验更丰富，但与学生有距离感，学生党员更愿意向朋友、同学倾诉，可见当前的基层党建工作者在党员心目中的亲和力仍有待提升，需在开展思想政治教育时注重针对性与细致程度。

三、对策建议

在当今社会，越来越多的因素影响着医学研究生党员的思想政治状况，医学研究生党员的思想政治意识积极与否，不仅关系到医院的人才培养，更关系到国家医疗卫生事业的发展（王云华、董蕙、李雪芹等，2019）。从本次调查结果来看，医学研究生党员思想政治状况总体向好，入党动机纯洁端正，人生观与价值观主流取向积极健康，具有较强的自立意识，注重以理论学习提高自身素质，先锋模范带头作用良好，但责任心、服务奉献意识、政治素养有待进一步提高，成才和就业仍是其关心的主要问题。对此，本文提出以下对策建议。

（一）强化社会实践育人载体，增强党员服务奉献精神，引领研究生成长成才

学以致用是学习的意义所在，要做到学以致用，最好的方法就是社会实践。社会实践活动能帮助医学研究生了解社会、服务社会，是增强其社会责任感、提高其综合素质、促进他们成长成才的重要途径。作为一名共产党员，就应该在服务人民、服务社会的过程中实现自己的价值，而作为医务工作者，更应当在实践

中将所学的医学知识化为实际的社会奉献，既是“医者仁心”的大爱体现，也是增进医患了解的重要途径（张丽娜，2018）。医学院校应当持续开展研究生党员“三下乡”社会实践活动，围绕健康中国理念，开展科技援藏、青年博士讲师团、扶贫支医等活动；紧密结合国家“一带一路”倡议，加强与海内外高水平医学院校交流合作，积极构建实践育人长效机制。推进研究生社会实践基地的建立，推进与地方政府机关、医疗企事业单位以及国际组织等紧密结合的应用型、高水平综合素质人才培养，推动建立综合型、专业型基地，提升实践育人成效。

（二）开展先进性教育，坚定理想信念，强化党员先锋模范作用发挥

开展学习先进人物教育、医德医风教育和生命价值教育，有利于激励医学研究生保持坚定的医德信念和良好的道德品质，使其自觉秉持“大医精诚”的理念，争当优秀医学人才，自觉拒绝作弊等行为（刘树宏，2006）。医学院校每年可以以中国共产党成立纪念日为契机，选取在医院管理、临床诊疗、护理服务和后勤工作等平凡岗位上创造出的感人先进党员事迹进行宣传与表彰，弘扬正能量，增强党员荣誉感，营造比学赶超的良好氛围。此外，通过开展诚信道德教育、理想信念教育，树立良好的医学学院人文环境，营造积极向上的育人氛围，使外在要求内化为其内心自觉自主自愿的行动。研究生基层党组织需加强对医学党员的继续教育与管理，不断完善监督与考评机制建设，为其提供顾问咨询、组织经验交流分享会，搭建发挥先锋模范作用的平台（张敏，2017）。

（三）加强新媒体平台建设，创新党员经常性教育的形式和载体

新形势下，医学研究生党支部必须进行工作方法与工作形式的创新，网络时代的到来给研究生党建工作带来了新的机遇，我

们应充分利用这一现代化工具，占领网络新阵地，发挥党建信息网和自媒体平台（如微信、微博）等多类平台的作用，不断丰富教育形式，拓宽教育渠道。例如，引导研究生党员关注《人民日报》、人民网、新华网以及共产党员网等优秀党报党刊的自媒体公众平台，让更多党员加入党的知识学习中，更快捷地了解党的最新资讯（曹萱，2018）。

参考文献：

曹萱. 让基层党员理论学习搭上“互联网 + ”快车 [J]. 人民论坛，2018 (18)：108－109. 陈萌，赵梓辰. 新时代增强高校学生党员，思想政治教育实效性研究——基于京津冀地区部分高校学生党员的调查 [J]. 北京教育（高教），2019 (4)：75－78.

贾俊飞. 硕士生党员党性修养及其教育研究 [D]. 北京：中国矿业大学，2019.

贾玲玲. 高校研究生基层党建工作面临的问题及对策分析 [J]. 智库时代，2018 (35)：30－31.

蒋连霞，施亚玲，向兴华，等. 新时代加强和改进研究生思想政治教育工作的现实思考——基于对广东省研究生思想政治状况的调查 [J]. 思想教育研究，2019 (1)：128－131.

刘树宏. 关于研究生党员先进性教育的思考与实践 [J]. 学位与研究生教育 2006 (5)：36－40.

刘宇，古丽. 高校研究生党员骨干发挥先锋模范作用探索 [J]. 浙江海洋学院学报（人文科学版），2014，31 (1)：82－84+91.

陆代武. “90 后”大学生党员思想特点的调查分析及对策思考 [J]. 传承，2010 (36)：20－21+27.

苗梅静，苏鹏飞. 医学生考试作弊行为心理因素探析及对策 [J]. 卫生职业教育，2017，35 (21)：106－107.

王云华，董蕙，李雪芹，等. 新医改背景下医院青年党员思想政治意识现状调查 [J]. 现代医院，2019，19 (11)：1588－1590.

张丽娜. 高等医科院校学生党员“三下乡”暑期社会实践研究——以南方医

科大学中医药学院为例［J］. 兰州教育学院学报，2018，34（8）：115－116＋165.
张敏. 当代大学生党员发挥先锋模范作用的现状及对策研究［D］. 武汉：华中师范大学，2017.

论新时期红色文化融入研究生党建工作的途径

何韵云

（四川大学生命科学学院　四川成都　610044）

摘　要： 高校是重要的科学教育阵地和思想文化重地，担负着培育合格的社会主义建设者与接班人的伟大使命。党的十八大报告提出，要建立“学习型、服务型、创新型”马克思主义政党，以确保党始终成为中国特色社会主义事业的坚强领导核心，也使“学习、服务、创新”被更系统、科学地融入党组织建设成为必然之势。红色文化在高校基层党建过程中发挥着积极有效的精神引领作用，将之有机地与建设“学习型、服务型、创新型”研究生党组织工作相结合，是探索新形势下研究生思想政治教育新内容、新方法、新途径的必要手段。

关键词： 红色文化；学习型党组织；服务型党组织；创新型党组织

党的十八大以来，党中央高度重视教育工作，强调从“国之大计、党之大计”这两个高度认识教育的战略定位。加强党的领导，是办好我国教育事业、培养德智体美劳全面发展的社会主义事业建设者和接班人的根本保障。党的十九大以后，中国特色社会主义进入新时代，国家对高校人才培养提出更高要求，要突出培养一流人才、服务国家战略需求、争创世界一流的导向，深化体制机制改革，统筹推进、分类建设一流大学和一流学科，要坚持党管人才，坚持面向世界科技前沿、面向经济主战场、面向国家重大需求、面向人民生命健康，深入实施新时代人才强国战略，全方位培养、引进、用好人才，加快建设世界重要人才中心和创新高地。高校“学习型、服务型、创新型”党组织作为深化教育改革、提高教学质量的重要抓手，在新时代高校党建工作中不仅发挥了战斗堡垒的作用，还为高校培育理论基础好、实践力高、创新力足的研究生党员提供了良好平台。

一、建设“学习型、服务型、创新型”研究生党组织的重要意义

“学习型、服务型、创新型”党组织的建设需把握三个向度，即养成全体党员高度的学习自觉、牢固的宗旨意识和强烈的创新冲动。

高校基层党组织是党在高校全部工作和战斗力的基础。然而，高校研究生党组织在建设过程中仍普遍存在一些不良现象，可总结为以下几个方面：第一，部分研究生党员思政理论学习观念较淡薄，党建活动偏形式化；第二，部分研究生党组织脱离群众，“服务意识”淡薄；第三，部分研究生党员没能发挥榜样作用，优秀程度不足，在高校“双一流”建设过程中无法起到“又红又专”的引领作用；第四，部分研究生党员创新意识不够，创新能力不足，思考、解决队伍建设问题缺少方式方法；第五，部分研究生党员疏于实践锻炼，存在理论学习缺少实践检验的情况，使党员培养和社会实际相脱离（李春立、陈彦彦，2013）。因此，推进高校研究生党组织建设迈上新的台阶刻不容缓，抓好学生党建工作，能切实为党和国家的事业汇聚优秀人才，为社会主义现代化建设提供人力与智力支持（贾飞、李龙翔，2017），

其重要性不言而喻。建设“学习型、服务型、创新型”研究生党组织，最终目的在于贯彻落实“党管人才”，培养一大批可靠的社会主义建设者和接班人。其中，学习是基础，服务是核心，创新是关键，三者有机统一、相辅相成，能促进党组织从思想认知、实践检验及总结创新方面培育具有崇高理想信念并全面可持续发展的人才队伍。

二、红色文化与建设“学习型、服务型、创新型”研究生党组织的价值关联

红色文化诞生于革命战争年代，由中国共产党人、先进分子和人民群众共同创造，是在吸收并优化古今中外先进文化成果的基础上，以马列主义科学理论做指导而产生的革命文化，其蕴涵着强大的红色基因，使革命先辈的崇高精神和红色血脉得以代代赓续，体现着强烈的文化自信。

红色文化包含理论形式、物质形式和精神形式（冯飞，2018）。理论形式主要指在革命斗争过程中，经理论与实际结合、内容更新发展所逐渐形成的具有中国特色的理论体系，它教育、引导着个体掌握并运用正确的方法看待客观世界，牢固树立积极的世界观、人生观与价值观。红色文化的物质形式包括中华大地上诸多革命遗迹、纪念地、爱国主义教育基地、标志性物件等，它们承载着鲜活而丰满的革命历史和精神力量（管仕廷，2012），可通过人们的社会实践活动达到潜移默化地影响思想认知的目的，进而增强人们实践活动的主体能动性、群体协同性和政治自觉性，推动实践活动由主观形态向现实形态转变。红色文化的精神形式则主要体现在革命精神方面，如红船精神、红岩精神、井冈山精神等，这些精神经传承、弘扬能在当代青年学子身上焕发出新的活力，是全面促进个人可持续发展的蓬勃内生动力。由此可见，红色文化作为思想政治教育的重要载体之一，其一方面能

在高校“学习型、服务型、创新型”研究生党组织建设过程中发挥思想引导、实践指导和创新先导的重要育人作用，为高校基层党建工作的有效开展提供精神动力与内外条件；另一方面，红色文化的传承、发展又依赖于高校基层党组织所建立起来的良好群众基础，与高校基层党建工作可谓相辅相成、互相促进，能极大程度推动培养具有共同政治信仰的党员群体这一育人目标的实现。

三、红色文化融入“学习型、服务型、创新型”研究生党组织建设的途径

（一）红色文化促进形成思想认识：研究生“三型”党组织建设的逻辑起点

党的十九大报告提出，要增强学习本领，在全党营造善于学习、勇于实践的浓厚氛围，建设马克思主义学习型政党，推动建设学习强国。马克思主义学习型政党的本质特征即“科学理论武装”，要求党员同志深入学习理论知识，牢固树立辩证唯物主义和历史唯物主义世界观和方法论，系统掌握中国特色社会主义理论体系，不断提高全党的马克思主义理论水平。

高校在建设研究生“学习型”党组织的过程中，应切实利用好红色文化相关育人资源，全面提升研究生党员“又红又专”综合素养。第一，要着力加强红色文化教育，提升研究生党员党性修养。研究生党员干部应主动利用党支部活动时间带头学习主要及基础的理论经典，开展马列经典著作阅读分享会，读《共产党宣言》《共产主义原理》等，或举办好书分享会，看《习近平谈治国理政》《马克思恩格斯传》等，可由简到难，阅读范围可涵盖经典理论、人物传记等，以充分调动党员同志学习红色文化相关理论知识的兴趣与热情。第二，要持续加强研究生综合素质系列课程对红色资源的运用，充分鼓励红色文化进课堂、进实验

室、进组会，使研究生党员在思想上、政治上始终与党中央保持高度一致。

（二）红色文化推进落实实践活动：研究生“三型”党组织建设的中介环节

高校“服务型”研究生党组织需以提升学生服务意识为出发点和落脚点，打造基于科学发展的民本型、阳光型、责任型党组织（赵琳，2018），在此过程中，以红色文化相关实践活动促进个体服务意识增强具有现实可行的意义。

首先，开展红色文化相关实践活动能解决研究生党员“愿不愿”服务的观念性问题。以四川大学弘扬“江姐精神”为例，学生通过社会实践可在自贡江姐故居、四川大学江姐纪念馆等不同现实环境中深入了解江姐苦难的童年生涯、江姐奋进的求学生涯，以及江姐的革命岁月，不仅更易对“江姐精神”产生价值认同感，还能较直观地感悟江姐“为国为民的无私奉献精神”，从而从思想认知角度出发自愿贯彻“为人民服务”的宗旨。其次，参与实践活动本身便是对理论知识的检验。研究生党组织还可采取帮扶“五老”、扶贫、支教等方式进一步发扬党员“服务社会、奉献爱心、推己及人、薪火相传”的优秀传统，以使党员同志学会服务，自觉服务，用先锋模范之力推动红色精神于当代青年学子中传承、发展，推动红色文化发扬光大。

（三）红色文化确保实现守正创新：研究生“三型”党组织建设的价值导向

守正与创新是不可分割、不能偏废的整体，这要求高校党建工作将创新立于历史发展规律之上，做到方向正确，与时俱进。因此，高校“创新型”党组织建设需在做好红色文化融入理论学习与实践锻炼的同时，切实加强党建工作内容、形式和平台创新。

创新工作内容与形式就是要把创新思维根植于心，践行于行，在推进党建工作过程中做到不断有发现，不断能突破。中国共产党从优秀传统文化中汲取了颇多治国理政智慧，将红色文化融入高校研究生党建工作，不仅需要党员同志善于从传统文化中挖掘当代价值（蓝燕，2015），还需要高校党务工作者系统性地整合红色资源以有效开展研究生理想信念教育、爱国主义教育、社会主义核心价值观培育等育人活动，并使研究生党员这一活动主体明确，采取跨学科党建研讨会、跨年级党组织生活会等丰富多彩的活动形式，切实增强学生党员对于党建工作的参与感、认同感和归属感。

创新工作平台则是要善于构建好独有的和利用好大众的红色文化教育阵地，也要利用好网络新媒体平台，如微博、微信公众号、QQ 空间等。通过对生动活泼的党建活动的报道和对争优创先个人事迹的推送，研究生党组织能在增强队伍交融互通的同时进一步拓宽党建工作领域，使党员同志始终保持思维活跃、与时俱进，使党员队伍始终走在时代前列，主动将理想追求与党和国家的事业紧紧结合。

四、结语

以红色文化融入新时期高校党建工作是提升研究生党组织学习力、服务力和创新力的有效途径，能在形成研究生党员正确政治信仰的同时将红色文化所蕴含的精神能量转化为个体强大的“文化基因”，使党员队伍整体形成良好的责任意识与行为自觉。高校在建设“学习型、服务型、创新型”研究生党组织的过程中应充分利用红色文化资源开展育人活动，使党员同志树立正确的价值观与崇高的理想信念，为高校基层党建工作构建系统性强、创新力足、理论实践结合度高的长效工作机制。

参考文献：

冯飞. 十九大背景下红色文化融入高校基层党建工作研究［J］. 济南职业学院学报，2018（10）：61—63.
管仕廷. 论红色文化的内涵与特征［J］. 传承，2012（13）：3.
贾飞，李龙翔. 创建学院“学习型、服务型、创新型”学生党组织建设的探索与实践［J］. 教育教学论坛，2017（25）.
蓝燕. 试论高校创新型党组织建设［J］. 鄂州大学学报，2015，22（12）：4.
李春立，陈彦彦. 论高校学习型服务型创新型党组织建设［J］. 学术交流，2013（3）：214—217.
赵琳. 高校创建服务型党组织相关制度建设研究［J］. 管理观察，2018（35）：104—105.

论高校研究生会发挥立德树人作用的优势和路径*

吴　宇　李　娴

（四川大学研究生院　四川成都　610064）

摘　要： 近年来，为了破解高校思政工作组织育人难点，教育部、团中央出台了一系列推动高校学生会（研究生会）改革的措施，高校研究生会改革事业迈入了新的发展阶段。研究生会是高校承担立德树人重要职责的学生组织平台，在发挥立德树人作用方面具有重要价值。本文以高校研究生会发挥立德树人作用的优势为切入点，总结了当前高校研究生会在发挥立德树人作用上存在的问题，探析了高校研究生会发挥立德树人作用的路径，以期对各高校研究生会发挥立德树人作用提供实践借鉴。

关键词： 研究生会；立德树人；优势；路径

进入新时代以来，党中央高度重视我国群团工作和青年事业的发展。近年来，为适应新的时代条件和实践要求，深入贯彻习近平新时代中国特色社会主义思想特别是习近平总书记关于群团工作和青年工作的重要论述，团中央、教育部和全国学联拉开

* 本文系四川省学位与研究生教育学会 2019 年课题“从四个维度做好高校研究生会组织建设”（项目编号：2019YB0604）的研究成果。

了高校学生会（研究生会）改革序幕，并不断推进高校学生会（研究生会）的改革进程。2017 年 3 月，共青团中央、教育部、全国学联研究制定了《学联学生会组织改革方案》（简称《方案》），标志着高校学生会研究生会改革事业迈入了新的发展阶段。《方案》要求，高校学生会组织要紧扣时代主题，坚持立德树人，强化自我教育、自我管理、自我服务、自我监督的职能。高校研究生会作为高校在党的领导和团的指导下建立的研究生自治性群众组织，是对高校研究生进行立德树人教育的重要组织平台，是在研究生群体中开展立德树人工作的优良载体，为高校立德树人教育提供了一个有高度、有质量的平台（孟维娇，2018）。

一、高校研究生会发挥立德树人作用的优势

高校研究生会在立德树人工作中所发挥的功能，具有与课堂教育相区别的独立性，能够在课堂教育之外对研究生群体进行立德树人教育。高校研究生会具有引导高校研究生群体进行自我教育、自我管理、自我服务、自我监督的职能，是当下开展研究生立德树人教育的重要阵地，在立德树人作用发挥方面具有不可取代的优势与非常重要的作用，其优势具体表现在以下几个方面。

（一）组织优势

高校立德树人教育是一项系统工程，需要长期、不间断地推进教育工作，且教育内容和工作方法要坚持与时俱进，以增强立德树人工作实效（孙晓惠，2020）。

高校研究生会在组织架构的设置方面十分完备，由思政部门、实践部门、宣传部门、文艺部门、体育部门、外联部门等构成，几乎涵盖了研究生学习、生活的各个部分，能够在系统性、常态化、全方位开展立德树人工作中发挥组织优势（孟维娇，2018）。高校研究生会完善的组织架构，保证了研究生会能够促进立德树人教育政策与信息准确且真实地传播，协助各项政策和

会议精神的实施与落实，在立德树人工作中发挥重要作用。

（二）活动优势

高校研究生会立足自身组织优势，开展了大量参与人数多、影响范围广的校园活动，在丰富学生学习、生活的同时，还传播了大量思想上的正能量，产生了一定的影响。通过举办各种形式的活动来实现立德树人教育，是高校研究生会在开展立德树人工作中独有的优势。

高校研究生会面向高校研究生群体，结合学术课题、社会时事等内容，设计、设置、举办了各类不同主题的活动。研究生会活动的主动权主要由高校研究生会本身掌握，能够根据不同的社会形势和活动需求对活动的主题、内容、形式进行及时的调整（孟维娇，2018）。基于立德树人工作的需要，高校研究生会可以设置相关主题、创新活动形式、开展相关活动，在活动中做到寓教于乐，对广大研究生群体进行立德树人教育工作。

（三）骨干优势

高校研究生会干部来源于高校研究生群体，与其他学生组织成员相比，具有生源较广、年龄跨度较大、社会阅历较丰富，整体学历、综合素质、个人修养以及政治觉悟较高的特征，在各方面具有一定的先进性。利用干部优势开展工作，是高校研究生会能够在立德树人教育中取得优势的重要原因。

一方面，高校研究生会干部能够深入研究生群体，从各个渠道了解广大研究生的意见和建议，根据相应情况有针对性、重实效地采取措施、举办活动，并及时向上级部门、学校反馈相应情况；另一方面，高校研究生会干部能够以身作则，在立德树人工作中发挥榜样示范作用。

（四）实践优势

高校研究生会的组织优势、活动优势和骨干优势决定了高校研究生会在立德树人工作中具有实践优势。相对于理论教育而言，实践教育是一种隐性教育方式，能够从侧面发挥效能，是在广大研究生群体中开展立德树人工作的关键，也是高校研究生会在高校立德树人教育中发挥重要作用的原因。

高校研究生会组织研究生群体参与社会实践，可以让广大研究生在课余时间投身社会，把科研文化知识应用于实践，更好地为社会服务，并在实践中提升社会服务意识和服务能力。高校研究生会作为实践活动的组织者和参与者，在实践活动中增强对立德树人教育的引导性，能够充分且有效地推动、落实立德树人工作。

二、高校研究生会发挥立德树人作用面临的问题

高校研究生会对立德树人工作高度重视，利用在组织、活动、成员、实践方面的优势，积极发挥自身在研究生立德树人工作中的效能，取得了一定的工作成效，得到了广大研究生群体的肯定和认可。但随着研究生人数的剧增和立德树人要求的提高，高校研究生会在立德树人工作方面面临更多的挑战，其工作过程中存在的问题也进一步显现。

（一）自身功能定位不够明确，导致规范作用偏弱

高校研究生会是学校与研究生的桥梁和纽带，能够做好“上传下达”工作以更好地贯彻学校方针、全心全意服务同学的宗旨。但这并不意味着研究生会没有自身独特的功能定位和管理方式。目前，少数高校研究生会对自身的定位不够明确，僵硬和机械地服从学校的指令，不清楚自身的职责和作用，尚未形成合理高效的制度体系，导致研究生会干部在日常工作中缺乏规范性操作，对研究生会的认同度不高，工作积极性不强，不利于其发挥立德树人作用。

（二）干部队伍素质参差不齐，导致引导作用缺失

干部队伍素质的高低是高校研究生会工作成败的关键，高素

质干部队伍对高校研究生群体具有很好的带动作用，能够引导研究生会发挥立德树人作用，反之，则不然。研究生的人员组成较本科生更复杂，从来源上看有保研、外校考研、在职读研等多种情况，研究生内部也分为硕士、博士两个层级，培养时间2～6年不等（肖海涛，2009）。短时间的面试无法准确发现应聘者能力的局限，导致研究生会干部队伍素质、能力参差不齐，影响了高校研究生会立德树人作用的发挥。

（三）活动开展效果不达预期，导致凝聚作用弱化

只有研究生会提出的目标、举办的活动和工作的方式方法等被广大研究生群体接受和喜爱，研究生群体才会真正信任和配合研究生会的工作，积极参加各类活动。但在现实中，个别高校研究生会在举办活动时存在前期调查不深入、活动策划不够全面细致、活动的内容和形式不适配当代研究生心理发展特征等问题，导致高校研究生会一些好的想法和创意落不到实处，活动实现不了预期效果，影响了高校研究生会立德树人作用的发挥。

三、高校研究生会发挥立德树人作用的路径

根据上文的论述，针对高校研究生会在发挥立德树人作用过程中存在的问题，我们主要从以下三个方面探寻高校研究生会发挥立德树人作用的路径。

（一）加强高校研究生会对研究生群体思想政治教育的引导

立德树人是高校思想政治教育的中心环节，高校研究生会要发挥立德树人作用，就要加强对研究生群体思想政治教育的引导（高晓慧，2019）。

高校研究生会可以从以下两个方面来进行研究生教育的思想政治教育引导：一是优化研究生会干部的学习工作机制，研究生会干部是高校研究生会引导思想教育的承载者和主要传播者，培养优秀的研究生会干部有益于研究生群体校园活动的开展；二是

通过研究生会开展的各类活动，强化活动的思政教育意义，立足于新时代我国的国情、社情，实现对研究生思想政治教育工作的引导，发挥高校研究生会立德树人的作用。

（二）提高高校研究生会对研究生群体专业素养培养的重视

高校研究生包括硕、博士研究生，是专门从事学习、科研和创新工作的重要群体，是正在深入学习科学技术知识文化并运用所学知识文化进行创新创造、服务人民和国家的重要特殊群体。提高专业素养与科研创新能力，是高校研究生的群体诉求。

因此，高校研究生会发挥立德树人作用时应注重对研究生群体专业素养的培养，在开展活动时应注重掌握科技前沿和现实问题、加强校院合作、完善活动教育体系、深化活动教育意义、优化活动中的专业与科研创新设计、严格管控活动质量，多途径引导研究生在现有资源和条件下进行学习交流、探讨研究，在培养研究生专业素养的过程中真正实现引导研究生群体、得到研究生群体的支持，成为研究生群体顺利学习与发展道路上的明灯，担负起在研究生教育上立德树人的时代使命。

（三）促进高校研究生会对内部工作多模式协同发展的变革

想要更好地发挥高校研究生会的立德树人作用，还需要不断改进和完善研究生会自身的工作模式。高校研究生会在发挥立德树人作用的过程中，要重新整合各途径资源，推进多工作模式结合的协同发展。

首先，高校研究生会要认真遵从学校党委的领导和团委的指导，把研究生的立德树人教育同学校的教学、科研、宣传等重要工作结合起来，为落实立德树人工作打好更加坚实的基础。其次，高校研究生会可与作为研究生教育第一责任人的研究生导师建立长效联系机制，做到了解研究生日常的思想动态、认知水平以及各方面的需求，在研究生的学习和科研能力培养过程中，将立德树人内容渗透其中，使研究生更容易接受和认同。再次，高校研究生会要将传统工作模式与新媒体工作模式结合起来，利用好新媒体技术，壮大网络立德树人阵营，多途径发挥立德树人作用，提升研究生会立德树人工作的渗透力和感召力。

参考文献：

程祥．高校研究生会的思想政治教育功能研究［D］．武汉：湖北大学，2018.

高晓慧．马克思主义人学视域下大学生思想政治教育实效性研究［D］．镇江：江苏大学，2019.

姜岩，张海燕．立德树人视角下研究生思政教育工作协同发展研究［J］．黑河学刊，2020（6）：85－88.

刘海燕．研究生会在研究生教育管理中的作用发挥研究［J］．山西农经，2017（10）：11.

吕晓钰，王敏，马晓琳．精准育人 因群施教——高校研究生会参与研究生培养的创新与实践［J］．学位与研究生教育，2016（06）：35－39.

孟维娇．高校研究生会在思想政治教育中的功能发挥研究［D］．成都：成都理工大学，2018.

孙晓惠．立德树人理念融入高校思想政治教育过程研究［D］．哈尔滨：东北农业大学，2020.

肖海涛．高等教育学制系统改革研究［D］．厦门：厦门大学，2009.

非全日制研究生党建工作的研究与实践*

巫　科

（四川大学商学院　四川成都　610064）

摘　要：非全日制研究生是高层次人才培养的重要对象，新时代党和国家对非全日制研究生教育提出更高要求，推动非全日制研究生党建工作的研究与实践具有十分重要的意义。制约非全日制研究生党建发展的主要原因在于非全日制研究生党员组织关系不在高校，且大多存在异地求学、工作压力大等典型特征。在借鉴国内高校经验的基础上，四川大学商学院对非全日制研究生党建工作进行了有益探索，以期为推动实现非全日制研究生党建工作高质量发展提供参考。

关键词：高校党建；非全日制研究生；研究生教育

党的十九大报告指出，要推进党的基层组织设置和活动方式创新。习近平总书记在2018年全国组织工作会议上强调，以组织体系建设为重点，着力集聚爱国奉献的各方面优秀人才。《中国共产党支部工作条例（试行）》要求结合实际创新党支部设置形式，使党的组织和党的工作全覆盖。《中国共产党组织工作条

* 本文受到“四川大学党建研究课题专项经费”项目支持。

例》指出，实现党的组织和党的工作全覆盖，不断增强党的政治领导力、思想引领力、群众组织力、社会号召力。《中国共产党普通高等学校基层组织工作条例》指出，学生党支部应当加强思想政治引领，筑牢学生理想信念根基，引导学生刻苦学习、全面发展、健康成长。为此，四川大学商学院深入贯彻落实党的十九大及十九届中央历次全会精神、全国组织工作会议精神、新时代党的组织路线及党章党规有关要求，落实立德树人根本任务，坚持“三全育人”，积极推动学院党组织建设和创新，从2021年起在MBA、EMBA等非全日制研究生教育项目中建立临时党支部，强化非全日制研究生思想政治引领，推动非全日制研究生党建工作研究与实践，全面推进非全日制研究生教育高质量发展。

一、深刻认识非全日制研究生党建工作的重要意义

加强党的全面领导和基层组织建设，坚持全员全程全方位育人，是研究生思想政治教育适应党和国家事业发展需要、落实立德树人根本任务的重要内容。习近平总书记在2020年对研究生教育工作的重要指示中强调，适应党和国家事业发展需要培养造就大批德才兼备的高层次人才。非全日制研究生是高层次人才培养的重要对象，推动非全日制研究生党建工作具有十分重要的意义。

（一）全面贯彻党的教育方针，坚定走内涵式发展道路的必然要求

2020年，教育部等多部委联合发布的《关于加快新时代研究生教育改革发展的意见》（下称《意见》）明确提出，“以习近平新时代中国特色社会主义思想为指导，全面贯彻党的教育方针，坚定走内涵式发展道路”“推进研究生教育治理体系和治理能力现代化”“加快建设研究生教育强国”“坚持党的领导，增强‘四个意识’、坚定‘四个自信’、做到‘两个维护’，把正确

政治方向和价值导向贯穿研究生教育和管理工作全过程”。这不仅要求非全日制研究生教育质量同全日制研究生教育质量要对标看齐，而且非全日制研究生的思想政治教育工作要全面加强、党建质量要全面提高。

（二）完善思想政治教育体系，提高研究生党建工作水平的必然要求

长期以来，非全日制研究生思想政治教育一直是研究生思想政治教育的盲点和难点。《意见》指出，要“完善思想政治教育体系，提升研究生思想政治教育水平”“提高研究生党建工作水平，强化党组织战斗堡垒作用”“创新研究生党组织设置方式”。非全日制研究生的党员组织关系仍保留在原单位党组织，且多为在职人员，在校时间零散，导致非全日制研究生群体难以建立正式的基层党支部，这成为高校党建工作的薄弱环节。同时，非全日制研究生来源广泛，涉及党政机关、企事业单位及社会组织等，跨行业人才资源富集。为此，推动非全日制研究生党建工作，要坚持把立德树人作为中心环节，把思想政治工作贯穿非全日制研究生教育教学全过程，进一步完善思想政治教育体系、提高研究生党建工作水平，着力提升非全日制研究生的政治素养和理论水平，为坚持和发展中国特色社会主义、实现中华民族伟大复兴的中国梦提供坚强有力的人才和智力支撑（杨斌、徐鹏，2019）。

二、文献回顾

党的十九大以来，非全日制研究生党建及思想政治教育研究与实践随着研究生党建及思想政治教育质量的不断提升而蓬勃发展。周钰桐等（2018）从体制机制方面分析了新常态下非全日制研究生党员日常教育管理中存在的问题并提出有针对性的解决方法与路径；谢亮亮（2018）提出非全日制研究生思想政治素质提

升应充分发挥思想政治理论课的主导作用、导师第一责任人作用、辅导员的统筹协调作用、研究生组织的参与作用和新媒体的优势；杨斌、徐鹏（2019）总结梳理了清华大学自2018年起逐步在非全日制研究生中建立临时党支部的具体做法和工作成效；付泓霖（2019）从思想政治宣传教育活动的开展、日常教育管理工作机制的创新、研究生骨干队伍的建设与培养、非全日制研究生的发展与目标四个维度总结了北京邮电大学非全日制研究生思想政治工作经验；杨斌、康妮（2019）提出高校应找到育人中的长效与短效的平衡，高度重视集体建设的育人作用以激发非全日制研究生教育活力；赵岑、任怀艺（2020）则基于清华大学非全日制研究生临时党支部建设经验，系统分析了非全日制研究生思想政治教育的现状与困境，并提出一系列对策，呼吁进一步转变观念、凝聚共识，对标全日制研究生培养情况，不断加大资源投入力度和政策保障程度；刘阳等（2020）简要分析了高校非全日制研究生网络育人的现状，探索了其网络思想政治教育开展的有效途径；胡斌武等（2021）用“主体性矮化”“内容窄化”“管理淡化”概括了对非全日制研究生思想政治教育实效性的思考，提出“树立大德”“完成大学”“培养大问”“实践大行”的实效性提升策略。

总体而言，非全日制研究生党建及思想政治教育工作符合研究生党建及思想政治教育工作的共性特征和发展规律，同时具有其自身的独特性。以清华大学为代表的非全日制研究生临时党支部工作模式在理论研究与实践探索方面均走在高校前列，其经验与做法值得借鉴推广。与此同时，关于非全日制研究生党建及思想政治教育工作的研究与实践仍处于发展阶段，各高校应结合自身非全日制研究生党建及思想政治教育实际进行具有针对性的探索，以逐步深化对非全日制研究生党建及思想政治教育的认识。

三、四川大学商学院非全日制研究生党建工作探索

非全日制研究生党建工作难点在于党员组织关系仍保留在原单位党组织，且非全日制研究生多为在职人员，存在异地求学、工作压力大、学习时间呈现阶段性和“方波式”等典型特征（杨斌、徐鹏，2019）。为此，四川大学商学院深入学习领会习近平新时代中国特色社会主义思想，深入贯彻落实党中央及上级党组织决策部署和党章党规有关要求，积极探索在MBA、EMBA等非全日制研究生教育项目中建立临时党支部，推动非全日制研究生党建工作的研究与实践。

（一）创新支部组织架构

每一个基层党组织都应该把脉自身建设、找准薄弱环节、明确努力方向。四川大学商学院根据非全日制研究生的项目类型、在校时间、人员规模等，设计非全日制研究生党支部建立流程，细化党支部建设方案，同时结合学院实际，在条件已成熟的2020级MBA和EMBA非全日制研究生集体中建立临时党支部，对党支部委员会建设、理论学习及支部活动等提供条件保障和全面指导。2021年5月，四川大学商学院第一批非全日制研究生临时党支部——2020级MBA临时党支部和EMBA临时党支部正式成立。

（二）强化思想政治引领

非全日制研究生临时党支部开展的组织生活以强化思想政治引领为主要目的，以政治理论学习为重点，结合本专业特色，深入学习贯彻习近平新时代中国特色社会主义思想与党的十九大及十九届二中、三中、四中、五中、六中全会精神，努力做到学深悟透。例如，2020级MBA临时党支部在2021年开展了党史学习教育活动，深入学习领会习近平总书记在党史学习教育动员大会上的重要讲话精神及“七一”重要讲话精神，力求学习见实

效，积极将政治理论学习成效转化为推动专业学习和本职工作的强大动力。

（三）发挥项目资源优势

非全日制研究生临时党支部汇聚了非全日制研究生集体中的优秀师生党员，同时示范引领一大批非党员师生。例如，EMBA临时党支部书记由EMBA项目常务副主任担任，同时支部副书记则遴选一名在本职单位担任党委副书记兼纪委书记的EMBA学生骨干，其他支委都是各自所在党组织的党员骨干。因此，“选优配强”支委团队成为临时党支部发挥非全日制研究生教育项目资源优势的关键环节，在非全日制研究生集体中发挥了良好的辐射带动作用。

（四）密切联系项目师生

非全日制研究生临时党支部并非孤立运行，而是扎根于非全日制研究生培养教育的各个环节、深入非全日制研究生教育项目的师生集体。例如，通过党班联建，加强班风学风建设，增强班级凝聚力；通过开展丰富多彩的活动，传播正能量，增强集体向心力；通过在师生沟通、学业发展、职业规划等方面帮助学生成长进步，增强其对学校、学院的认同感和归属感。

四、结语

进入新时代，党和国家对非全日制研究生教育提出了新要求，这既是新挑战，更是新机遇。研究生教育工作者要深刻认识非全日制研究生党建工作的重要意义，不断深化非全日制研究生党建工作的研究与实践，着力推动非全日制研究生教育高质量发展，实现建成研究生教育强国的战略目标。

参考文献：

付泓霖．多维度加强非全日制研究生思想政治工作［J］．智库时代，2019

(36)：147+248.

胡斌武，杨卓君，吴杰. 非全日制研究生思想政治教育实效性探微 [J]. 浙江工业大学学报（社会科学版），2021，20（4）：445－449.

教育部 发展改革委 财政部关于加快新时代研究生教育改革发展的意见 [J]. 中华人民共和国国务院公报，2020（34）：72－76.

刘阳，陈维维，户振亚. 关于高校非全日制研究生网络育人的思考 [J]. 中国校外教育，2020（24）：29－30.

习近平. 决胜全面建成小康社会 夺取新时代中国特色社会主义伟大胜利 [N]. 人民日报，2017－10－28（1）.

习近平. 在全国组织工作会议上的讲话 [J]. 当代党员，2018（19）：4－11.

谢亮亮. 基于全日制与非全日制招生并轨机制下非全日制研究生思想政治教育探析 [J]. 安徽工程大学学报，2018，33（3）：45－48.

杨斌，康妮. 亟须激发活力：非全日制研究生教育发展的若干思考 [J]. 学位与研究生教育，2019（7）：49－53.

杨斌，徐鹏. 坚持立德树人 加强非全日制研究生党建工作 [J]. 党建研究，2019（3）：53－54.

赵岑，任怀艺. 非全日制研究生思想政治教育的现状与对策研究——基于清华大学非全日制研究生临时党支部的思考 [J]. 研究生教育研究，2020（3）：14－18.

中国共产党普通高等学校基层组织工作条例 [J]. 党建研究，2021（5）：4－10.

《中国共产党支部工作条例（试行）》[N]. 人民日报，2018－11－26（1）.

周钰桐，高黎，兰昆. 新常态下非全日制研究生党员日常教育管理研究 [J]. 新校园（阅读），2018（12）：15.

高校研究生思想政治教育研究综述*

黎红友

（四川大学网络空间安全学院　四川成都　610064）

摘　要： 高校研究生思想政治教育是研究生教育的重要组成部分。系统梳理研究生思想政治教育研究现状是有效开展研究生思想政治教育工作的基础。为了全面客观地反映我国高校研究生思想政治教育的相关情况，本文以CNKI数据库中收录的高校研究生思想政治教育的期刊文献为样本，采用文献计量学等方法，对相关研究文献的研究力量和研究热点进行分析。通过对研究现状的梳理分析，揭示我国高校研究生思想政治教育的研究特征和发展趋势，并在此基础上进行反思，以期促进我国高校研究生思想政治教育的创新发展。

关键词： 研究生；思想政治教育；文献计量学

研究生教育是高等教育人才培养的最高层次，是我国社会主义现代化建设拔尖创新人才培养的重要渠道。研究生思想政治教育是研究生教育的重要组成部分，研究生思想政治教育事关国家高层次拔尖创新人才的培养问题，研究生的思想政治素质直接关

* 本文为江西师范大学全国高校思想政治教育研究中心课题“新时代高校辅导员工作精细化体系构建研究”、全国高校思政工作队伍培训研修中心（四川大学）科研专项“日常思想政治教育与日常事务管理协同育人体系构建研究”（项目号：MYZX20200906）阶段性成果。

系到我国社会主义现代化建设。随着我国高校研究生招生规模不断扩大，在校研究生规模迅速扩大，各种思想文化潮流在世界范围内相互激荡，外加西方势力对我国高层次人才的争夺从未停止，研究生思想政治教育面临的挑战前所未有。新时期，大力加强研究生思想政治教育研究迫在眉睫。在此背景下，本文通过对我国高校研究生思想政治教育的学术研究现状进行梳理，把握高校研究生思想政治教育研究的发展脉络，以期促进高校研究生思想政治教育学术研究的反思和改进，进一步提高我国高校研究生思想政治教育工作的针对性和质量。

一、研究生思想政治教育研究文献收集与研究方法

（一）文献收集

研究文献来源于中国学术期刊网络出版总库（CNKI），文献的检索条件为：主题词为“研究生”和“思想政治教育”的组合；检索的期刊年限为2000年到2021年；文献检索时间为2022年2月22日；检索条件设置为精确。一共检索到研究生思想政治教育研究文献1932篇，这1932篇研究文献为本文研究的有效样本。

（二）研究方法

本文主要采用文献计量学方法对1932篇关于我国高校研究生思想政治教育的研究文献的年代分布、发文机构、来源期刊等进行分析，通过这些定量数据展示我国高校研究生思想政治教育研究领域的研究力量，揭示国内研究生思想政治教育研究的发展趋势和规律。研究文献的高频关键词统计以及对重要文献的阅读，可以归纳研究生思想政治教育的研究热点，进而把握我国高校研究生思想政治教育研究的发展趋势。

二、研究生思想政治教育研究文献的文献计量分析

（一）研究文献的年代分布

高校研究生思想政治教育研究文献的历年发表量可以反映出

研究生思想政治教育的研究态势。表 1 统计了我国高校研究生思想政治教育研究文献在不同年份的发表数量，图 1 是我国高校研究生思想政治教育研究期刊文献的年发表量趋势图。2000 年到 2021 年高校研究生思想政治教育研究大致可以分为两个阶段。2000 年到 2014 年为快速发展阶段，年均发表文献 74 篇；伴随着研究生招生规模的扩大，以及微博、微信等自媒体平台的快速发展，2015 年至 2021 年，高校研究生思想政治教育面临空前挑战，年均发文量 118 篇左右。

表 1　我国高校研究生思想政治教育研究文献年发表量

2000 年	2001 年	2002 年	2003 年	2004 年	2005 年	2006 年	2007 年	2008 年	2009 年	2010 年
15	7	12	12	10	31	48	60	79	96	119
2011 年	2012 年	2013 年	2014 年	2015 年	2016 年	2017 年	2018 年	2019 年	2020 年	2021 年
141	151	164	161	126	125	115	118	136	103	103

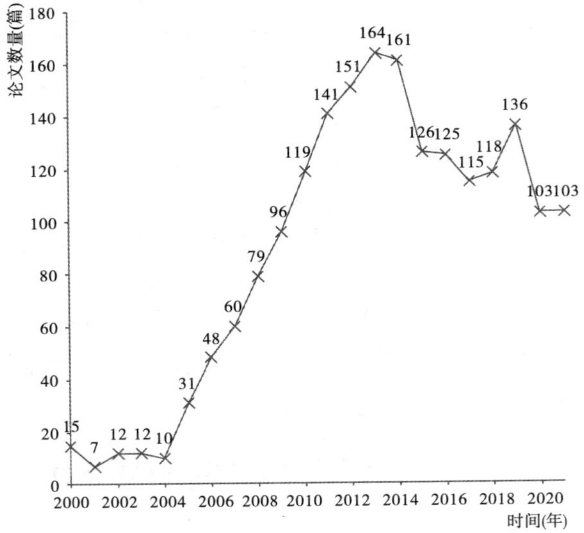

图 1　我国高校研究生思想政治教育研究期刊文献年发表量趋势图

（二）研究文献的发文机构

表 2 是 2000 年到 2021 年我国高校研究生思想政治教育研究文献发文量超过 15 篇的研究机构列表，这 12 所高校是该领域的主要研究机构，共计发文量为 254 篇，占总发文量的 13.14%。这 12 所高校大部分是重点高校，包括吉林大学、武汉大学、复旦大学、上海交通大学等。

表 2　我国高校研究生思想政治教育研究文献主要发文机构

序号	发文机构	发文数量	序号	发文机构	发文数量
1	吉林大学	57	7	华中师范大学	18
2	武汉大学	23	8	复旦大学	17
3	中南大学	20	9	上海交通大学	16
4	华南农业大学	19	10	沈阳农业大学	16
5	华中农业大学	18	11	西北农林科技大学	16
6	东北师范大学	18	12	北京林业大学	16

（三）研究文献的来源期刊

通过对 1932 篇关于我国高校研究生思想政治教育研究文献的统计汇总，得到我国高校研究生思想政治教育研究文献的主要来源期刊列表（表 3）。由表 3 可知，发文量超过 20 篇的 12 种期刊共计发文量为 459 篇，占总发文量的 23.76%。《思想教育研究》《学校党建与思想教育》《教育教学论坛》是我国高校研究生思想政治教育研究文献比较集中的期刊。在这些排名前 12 的期刊中，《思想教育研究》《学校党建与思想教育》《学位与研究生教育》《思想理论教育导刊》《思想政治教育研究》等被列入中文社会科学引文索引来源期刊或扩展板来源期刊，体现了我国高校研究生思想政治教育研究的研究水平。

表 3　我国高校研究生思想政治教育研究文献主要来源期刊

序号	来源期刊	发文数量	序号	来源期刊	发文数量
1	《思想教育研究》	62	7	《学理论》	36
2	《学校党建与思想教育》	60	8	《才智》	28
3	《教育教学论坛》	53	9	《教育现代化》	25
4	《科教导刊》	44	10	《思想理论教育导刊》	24
5	《北京教育（德育）》	43	11	《思想政治教育研究》	22
6	《学位与研究生教育》	41	12	《中国电力教育》	21

三、研究生思想政治教育研究文献的热点主题分析

通过统计 1932 篇研究文献的高频关键词以及对被引频次高的文献的阅读，我们发现我国高校研究生思想政治教育研究文献的研究热点包括以下三个方面。

（一）研究生思想政治教育面临的挑战研究

随着我国研究生教育主客观环境的变化，研究生在校规模不断扩大，研究生思想政治教育工作遇到了很多新的问题。不少学者对当前高校研究生思想政治教育工作面临的挑战进行了深入的研究。刘志等（2019）从新时代党和国家对研究生思想政治教育的重视前所未有、新时代研究生思想政治教育的环境冲击前所未有、新时代研究生思想政治教育对象的变化前所未有三个角度分析了新时代研究生思想政治教育改革创新的挑战。刘志（2018）认为研究生思想政治教育的理论研究仍然十分薄弱，对诸如是否照搬本科生思想政治教育模式等问题尚未达成统一认识，对研究生思想政治教育的内在规定、核心要素和研究对象等基本问题的研究也近乎空白。

（二）十大育人体系下的研究生思想政治教育研究

以科研育人视域下的研究生思想政治教育为例，科研是研究

生思想政治教育不可或缺的载体。魏舶等（2021）从科研育人的视角分析了高校研究生思想政治教育的困境，包括科研至上理念主导的教育主体缺位、科研与思想政治教育结合不深导致的教育缺乏影响力以及科研实际参与有限导致的教育获得缺乏等，同时探讨了科研育人视角下的高校研究生思想政治教育路径，包括深化科研育人思想认识、创新科研育人载体方式以及扩大科研育人射程等。潘广炜等（2019）分析了“科研育人”在研究生思想政治教育过程中存在的突出问题，包括“科研育人”的理念和认识有待进一步增强、科研评价标准和学术评价方法有待进一步完善以及科研环境有待进一步优化，并对“科研育人”视角下的研究生思想政治教育功能发挥进行了分析，包括提高师生对“科研育人”重要性的认识、完善“科研育人”团队的评价体系和机制以及搭建更为广阔的“科研育人”平台。

（三）研究生思想政治教育路径研究

高校研究生思想政治教育需要在“大思政”格局下进行探讨。蔺伟等（2022）探析了“大思政”视域下构建研究生思想政治教育协同育人机制的实践路径，包括强化责任协同、强化阵地协同、强化队伍协同和强化保障协同。赵盈等（2021）从协同机制的角度探究了研究生思想政治教育，首先分析了研究生思想政治教育协同机制构建的动力系统，包括来自社会运行系统的源动力、来自高校思想政治教育育人进程的驱动力、来自研究生资源式培养的内动力，进而给出了研究生思想政治教育协同育人的机制，包括横跨式协同、纵贯式协同等。王干等（2018）提出了高校研究生思想政治教育工作的创新路径，包括倡导“以学生为中心”的人性化教育理念、引导“更高层次需要”促进学生的自我实现、强化情感教育构建和谐的师生关系以及开发和建设实践育人基地。

四、我国高校研究生思想政治教育研究反思

上文对我国高校研究生思想政治教育研究现状进行了定量分析和定性描述。纵观我国高校研究生思想政治教育的研究情况，相关研究成果在一定程度上指导了高校研究生思想政治教育的实践。就高校研究生思想政治教育的研究现状而言，以下三点值得反思。

（一）高校研究生思想政治教育研究的系统性需要进一步加强

高校研究生思想政治教育工作受到多种因素的影响，包括育人主体、育人客体、育人介体、育人环体，高校研究生思想政治教育是一个系统化的工作。研究生思想政治教育的育人主体包括导师、辅导员、团队教师、任课教师以及行政人员等，这些育人主体如何有效协同，值得深入探究。同时要发挥育人客体的主体化作用，例如可以将优秀研究生党员作为育人主体，在发挥研究生党员模范带头作用的同时，使研究生党员当好导师与学生、辅导员与学生的桥梁。高校研究生思想政治教育的有效开展需要整合这些相关因素，需要这些相关因素的有效配合。通过前文可知，目前高校研究生思想政治教育的研究基本上基于单个因素进行研究，缺乏系统性的理论研究。因此，高校研究生思想政治教育需要结合多种因素进行整合研究，形成工作体系，进而有效提高研究生思想政治教育的质量。

（二）高校研究生思想政治教育需要注重理论研究和实践的结合

高校研究生思想政治教育的实践性很强，目的是为国家培养又红又专的可靠的高素质建设者和接班人。众多学者要么对高校研究生思想政治教育进行理论研究，要么进行调研研究，缺少理论和实践结合的研究，缺乏理论对实践的指导，缺乏实践效果对

理论的反馈机制研究。

（三）应用新一代信息技术助力高校研究生思想政治教育研究

以大数据、云计算、物联网以及移动互联网为代表的新一代信息技术正在改变我们的学习、生活以及思维模式。在网络互联互通时代，定量和定性相结合研究新一代信息技术对高校研究生思想政治教育工作带来的挑战和机遇，意义重大。在新时代，需要运用网络时代的信息化技术来提高研究生思想政治教育的实效性和针对性。

参考文献：

蔺伟，王军政，纪惠文．研究生思想政治教育协同育人机制构建论析［J］．学位与研究生教育，2022（1）：48－53.

刘志，侯振中．新时代研究生思想政治教育改革创新的意义、瓶颈及挑战［J］．思想理论教育导刊，2019（1）：130－134.

刘志．研究生思想政治教育基本问题论析［J］．学位与研究生教育，2018（7）：20－27.

潘广炜，赵亚楠．关于“科研育人”对提升研究生思想政治教育质量的思考［J］．学校党建与思想教育，2019（1）：69－71.

王干，高延安，高明国．研究生思想政治教育工作创新路径略探［J］．学校党建与思想教育，2018（24）：41－45.

魏舶，杨亚庚．科研育人逻辑下高校研究生思想政治教育研究［J］．学校党建与思想教育，2021（4）：59－61.

赵盈，李睿．研究生思想政治教育协同机制探究［J］．思想理论教育，2021（7）：103－107.

新时代高校思想政治工作“组织育人”视角下研究生会的协同作用探析[①]

——以四川大学为例

郭潇蔓

（四川大学研究生院　四川成都　610000）

摘　要：研究生会是高校发挥组织育人功能、促进青年学子成长成才的重要载体，新时代研究生会在高校思想政治工作中更是扮演着十分重要的角色。本文首先对高校研究生会这一组织的特点和作用进行了全面分析，然后基于其组织定位，以四川大学为例，介绍了四川大学研究生会在研究生思想政治工作中协同参与的探索实践，最后总结了新时代高校思想政治工作“组织育人”视角下研究生会协同作用的优化路径，以期能够以点带面，为更好地发挥高校研究生会的组织育人纽带功能、完善新时代高校思想政治工作体系提供参考。

关键词：研究生会；思想政治工作；组织育人；协同作用；四川大学

---

① 本文获“新时代高校学生组织管理科学化研究”项目资助，项目编号：sksz202124。

党的十八大以来，党中央站在新时代坚持和发展中国特色社会主义的战略高度，站在确保党和人民事业薪火相传的战略高度，高度重视高校思想政治工作，亲切关怀青年学生和高校学子成长成才。新时代新形势下，党和国家对作为高校思想政治工作组织育人抓手的高校学生组织提出了一系列新的期望和要求。比如，2017 年 12 月教育部制定的《高校思想政治工作质量提升工程实施纲要》把“组织育人体系”作为高校思想政治工作需要构建的十大育人体系之一，强调要积极优化组织育人，推动共青团、学生会等群团组织创新组织动员、引领教育的载体与形式。2020 年 4 月，教育部等八个部门发布的《关于加快构建高校思想政治工作体系的意见》指出要加强群团组织的建设，增强共青团等群团组织的政治性、先进性、群众性，推动学生会（研究生会）改革。

可以看出，新时代高校学生组织作为高校思想政治工作“组织育人”的重要载体，可谓承担着“为党育人、为国育才”的初心使命和时代责任。其中，高校研究生会作为研究生集体自我教育、自我管理、自我服务、自我监督的群众性组织，在高校研究生思想政治教育工作中同样发挥着不可替代的重要作用。随着高校学生会（研究生会）改革的推进和深化，如何深入落实改革，促进研究生会在新时代的高校思想政治工作中发挥更大作用，是高校研究生会需要深入思考的问题。

一、组织定位：高校研究生会组织的特点与作用

（一）高校研究生会组织的特点

1. 数量和分布具有局限性

不同于以本科生、专科生为构成主体的学生会，研究生会只存在于有硕士和博士研究生培育单位的高校，一些没有研究生学位授予权的院校就没有成立研究生会，因此高校研究生会的数量

较学生会要少得多。

2. 组织成员年龄和阅历较复杂

研究生会由应届生和往届生构成，其年龄差距较大，一般在23到35岁。往届研究生，特别是博士研究生，很多是在社会上实践多年后，重新回到学校再学习，其社会阅历较丰富，思想相对成熟；而应届生社会实践经验较少，阅历简单。因此，高校研究生会成员的年龄差距相对比较大，阅历结构也相对复杂。

3. 内部稳定性较弱

受博士、硕士学制限制，加之学术科研压力大，研究生缺乏参与研究生会工作的积极性和主动性。因此，组织成员流动性较大，工作周期较短，至多为一到两年。并且，随着研究生学历的提高和社会阅历的增加，研究生追求目标日趋多元化，这导致研究生群体趋向相对松散，研究生会内部稳定性较弱（熊兰，2014）。

（二）高校研究生会在思想政治教育中的作用

1. 思想引领，榜样示范

研究生是大学里学历层次最高的群体，是本科、专科层次学生的学长，他们在学习、生活和工作上对其他层次的学生都有带动和示范作用，特别是研究生党员在引导研究生树立正确的价值观念和道德取向的过程中扮演着重要的角色。因此，由研究生群体中的精英代表组成的研究生会必然对学生会、其他学生团体具有很强的示范引领带动作用。此外，研究生会的工作成效不仅对研究生的自身成才具有极大影响，而且对学校的研究生教育和校风建设都具有直接影响，对社会风气具有辐射作用。

2. 营造学术氛围，促进全面发展

学术科研能力是研究生培育的主要目标，也是广大研究生必备的基本素质，研究生会的首要目标便是“弘扬学术，传承文明”。研究生会可以通过邀请校内外专家学者授课，组织开展学术讲座、出版学术刊物、举办学术比赛等方式，丰富研究生的学术知识，激发研究生的创新灵感，提高研究生的科研热情，营造积极浓郁、百家争鸣的校园学术氛围。同时，还可以通过文体比赛、社会实践等形式多样、内容丰富的活动，为研究生提供施展才华的平台，促进研究生德、智、体、美、劳全面发展。

3. 维护研究生合法权益，提升学校治理水平

研究生会是学校、教师、研究生之间信息互动、传递、交流的重要环节，通过“上情下达，下情上报”，发挥着桥梁和纽带的作用。一方面，研究生会作为全体研究生的代表，可以与学校的决策和管理部门进行沟通、协调，在学习和生活的方方面面承担着把研究生利益诉求向上传递的责任。另一方面，相关教师可以通过研究生会宣传国家和学校的方针和政策，落实各部门布置的各方面工作。因此，研究生会还承担着学校制度、政策、文件精神等向下宣传、传播的使命，肩负着动员研究生积极参与学校建设和发展的重任。

二、探索实践：四川大学研究生会在研究生思想政治工作中的协同参与

四川大学研究生会始终积极秉持“服务同学，完善自我”的理念，不断发现问题、解决问题，努力创新思政工作思路和工作方法，以广大研究生喜闻乐见的形式去奋力开创思政工作新局面，致力引领全校研究生形成强大的精神动力和积极的学术追求，争做全面发展的时代新人。

（一）在组织机构上设立与研究生思想政治工作相配套的服务中心

四川大学于 2017 年在研究生教育管理工作中普遍推行“研究生党员学长制”，旨在在基层研究生教育培养过程中，通过选聘思想道德品质优良、学术科研素质过硬、乐于带动和帮扶学弟

学妹的高年级优秀研究生党员担任低年级研究生的学长，辅助导师和辅导员做好研究生教育培养及思想政治工作。“研究生党员学长制”是我校加强和改进研究生思想政治教育工作的一项重要举措，也是新形势下增强研究生思想政治工作亲和力、感染力的长期性制度安排。因此，为了更好地服务于“研究生党员学长制”，四川大学研究生会设立了“党建引领服务中心”，下设党支部建设服务组、研究生党员教育管理服务组和研究生党建引领工作组，作为“研究生党员学长制”这一制度的主要工作抓手。具体工作包括：做好研究生党员教育管理服务、举办“研究生党员学长沙龙”面对面系列交流活动搭建交流发声的平台、采访报道优秀研究生党员学长、建立“习近平新时代中国特色社会主义学习小组”将党建工作学习日常化，等等。总的来说，在研究生会中设立“党建引领服务中心”，不仅科学有效地推动了“研究生党员学长制”的落实落细，也对学校的研究生思想政治教育工作产生了积极深远的影响。

同时，四川大学研究生会还设有“思想政治教育服务中心”，它是研究生思想政治工作的核心载体和主要阵地。该中心负责组织举办各类思政教育和宣讲活动，开展针对研究生思想情况的相关调研，承担着部分青年研究课题的申报和撰写工作，以及定期收集、整理归纳全国高校在思想政治教育方面开展的亮点工作，旨在加强研究生思想引领，促进研究生思想政治素质提高。简言之，“思想政治教育服务中心”作为学校广大研究生思想状况的关注者、素养进步的同行者，聚焦时事热点，发挥着思想引航的作用，在全校研究生思想政治工作中扮演着示范引领、举重若轻的角色。

（二）推动研究生第二课堂活动课程化、精品化、制度化

为进一步促进研究生开阔学术科研创新视野，培养人文情怀和科学精神，根植拼搏奋斗理念，近年来，四川大学研究生会持

续开展了一系列形式多样、成效显著、贴近研究生需要的学术实践类品牌活动，以继续推行好研究生“第二课堂成绩单”为牵引，深入推动研究生第二课堂活动的课程化、精品化、制度化建设。

具体来讲，四川大学研究生会积极推行研究生“第二课堂成绩单”制度，推动研究生第二课堂思政活动与研究生思政课、综合素质课、专业课思政版块等第一课堂有效衔接与互动，积极参与构建具有川大特色的研究生思政工作体系。目前，四川大学研究生会已成功打造出“川大论坛”名师面对面系列讲座活动课程、“博士沙龙”学长面对面系列交流活动课程、“走进实验室”系列研学活动课程、“中华天府文化行”系列实践活动课程等研究生喜闻乐见的精品校园学术交流活动，以及职业能力提升系列活动、创业行系列参访活动、企业行系列参观活动、政企实习实践活动等一系列研究生迫切需要的就业创业精品校园活动，深入推动了研究生第二课堂活动课程化、精品化、制度化建设。

其中，“川大论坛”系列学术讲座活动作为四川大学研究生会着力打造的精品课程化活动，设有“院士大讲堂”“名师大讲堂”“主题报告会”“博士生沙龙”四种形式，通过邀请高校知名教授、优秀校友、社会名人等青年心中的榜样作为演讲嘉宾，请他们将自身对学术、工作、生活、生命的感悟讲述给川大青年。通过该品牌活动的精细化打造，四川大学研究生能更加充分、全面、系统地了解各学科领域前沿知识。“川大论坛”不仅是一场场别开生面的公开课，更是一个活跃学术思想、促进创新思维的学术交流平台，让研究生在思维碰撞中激起智慧火花，在互动交流中绽放青春活力。

（三）最大限度地发挥传统校园媒体和新媒体的舆论导向合力作用

《新青年》杂志作为新文化运动的主要阵地，在宣传马克思主义、反对封建伦理道德、呼唤人性觉醒等方面发挥了积极作用，在新思想、新观念的指引下，青年们于“五四运动”爆发后在全国人民面前展现出了引领新时代的风采。而四川大学的《星期日》杂志是五四时期的进步刊物之一，鉴于其辉煌历史，2006年复刊的《星期日》杂志定位为一个具有开拓性、前瞻性、先进性的刊物，以四川大学研究生会为依托，从研究生身边的事情入手，以丰富、新颖、易理解的视角观望校园，展现当代研究生的精神风貌。同时，作为四川大学传统校园媒体的《川大研究生》报，同样依托于四川大学研究生会，旨在为全校研究生提供学习思想政治知识与了解研究生会新闻的窗口。目前，“一报一刊”作为研究生思想政治引领的重要阵地，不仅共同书写川大学子的青春故事，更引领着思想潮流，创造了一个兼具深度与温度的文化世界。

除了打造传统校园媒体，四川大学研究生会还不断加强思想政治教育的网络阵地建设，着力打造以“川大研究生”微信公众号为核心，“一报一刊”为辅的全媒体工作矩阵，引导广大研究生增强对马克思主义的信仰、对中国特色社会主义的信念、对实现中华民族伟大复兴中国梦的信心，引领研究生立志做社会主义的建设者和接班人。“川大研究生”微信公众号平台致力于捕捉研究生热点新闻，解答广大学子校园生活学习等各类问题，提供学术、就业、实习、文娱、生活资讯并传播研究生思想政治教育相关内容。目前，该公众号在思想政治领域已打造“川大革命英烈”“理论”“习语金句”“党课开讲啦”等精品栏目，及时向研究生传达党的思想路线与方针政策，使研究生加强对形势与政策以及社会热点问题的关注，进一步拓宽了研究生思想政治引领阵地。“川大研究生”微信公众号订阅量已超过10万，在四川大学微信公众平台影响力榜单中长期位居总榜第一。未来四川大学研究生会将进一步优化“川大研究生”微信公众号的价值引领栏目设置，将新媒体中心的内容推送以栏目的形式固定下来，实现栏目标准化。

总的来说，四川大学研究生会通过大力建设“川大研究生”微信微博公众号、《川大研究生》报和《星期日》杂志等，较好地发挥了校园媒体在校园文化建设中的积极作用。“纸媒+新媒体”模式作为全校研究生思想政治教育的载体和阵地，有效地推动了研究生会与研究生思想政治工作的融合，增强了思想政治教育工作的针对性，充分发挥了组织育人的重要作用。

三、优化路径：构建高校研究生会思想政治工作协同机制

（一）坚持以党建为引领，强化思政建设

思政建设是党的建设的重要组成部分，也是群众组织建设的首要任务。高校研究生会要坚持“党建带团建、团建带学建”的总思路，把党团对高校学生组织的具体领导落到实处，切实提升围绕中心服务大局的能力水平，着力创新高校研究生会组织育人模式。一方面，高校研究生会要以党建为引领，加强思想政治建设，在研究生群体的世界观、人生观、价值观这个“总开关”上，建立相关制度做好培育引导工作。另一方面，要坚持抓好研究生理想信念教育，致力打造一个不断创新、锐意进取的学习型、创新型、服务型高校研究生会。在完善制度的基础上进一步优化组织建设，扮演桥梁纽带的角色以加强研究生党建、团建工作与思想政治工作的协同。进一步强化研究生党员骨干培养与思想政治工作队伍建设的高度融合，充分发挥优秀研究生党员的示范引领作用，从而激发组织新的活力。

（二）优化第二课堂活动，做实制度支撑

首先，依托高校研究生会，积极完善和推行“第二课堂成绩单”制度，在评奖评优时将其作为衡量综合培养发展水平的直接依据，以鼓励研究生成为德、智、体、美、劳全面发展的时代新

人。其次，以推行好研究生“第二课堂成绩单”为牵引，深入推动研究生第二课堂活动的课程化、精品化、制度化建设。加强研究生学术创新平台建设，营造浓郁的学术氛围，激发研究生的创新意识和创新能力。再次，推动研究生第二课堂思政活动与第一课堂课程思政有效衔接与互动，在研究生学术科研活动中融入思想政治工作内容，加强学术文化建设与思想政治工作的结合，促进研究生学术科研能力和思想道德素质的同步提高（钱嫦萍，2017）。最后，坚持研究生会服务职责，在研究生会的组织机构上可以设立相关服务中心，推进研究生会由传统管理功能向服务功能转变，营造出治理有方、管理到位、风清气正的育人环境，从而为研究生会协同参与思想政治工作打下扎实的组织基础。

（三）融入网络信息技术，突出改革创新

坚持以服务学生发展成长为中心，结合新时代研究生成长成才实际需要，利用新媒体、新技术、新方式开展高校研究生会思想政治教育管理活动，推动高校研究生会组织育人工作因事而化、因时而进、因势而新。同时，推动信息技术与研究生会的日常思想政治工作有效融合，加强思想政治工作的整体性、趋势性、动态性统计分析。此外，要以高校研究生的官方微信公众号为牵引，最大限度地发挥传统校园媒体和新媒体的舆论导向合力作用。不仅要守好传统校园媒体阵地，还要建设好网络宣传引导矩阵，加强校级新媒体平台和资源建设专项指导。在平台建设上，要适应新时代大潮流所需，适合高校研究生思政教育建设所旨，不断完善思想政治教育的栏目建设，提升新时代广大研究生的政治理论水平。

参考文献：

钱嫦萍．研究生思想政治工作的盲区突破与协同优化［J］．思想教育研究，2017，(12)：96－99.

以立德树人为思想引领，探索研究生思政教育途径

张　瑾　郑煊宇
（四川大学电气工程学院　四川成都　610065）

摘　要：高校研究生是社会高精尖人才的主力后备军，做好研究生思想政治教育对于促进高层次人才发展、健全综合类高校教育体系、推动社会主义发展、助力中华民族伟大复兴具有重要意义。党在高校思想政治教育工作中，尤为强调和重视对研究生开展以立德树人理念为核心的思想政治教育。因此，高校应加强党委领导、研究生导师队伍建设、学生干部群体建设，依托校园文化充分发挥优秀教师党员、学生党员的带头作用，充分调动各方力量，共建研究生立德树人教育体系。

关键词：研究生；立德树人；思想政治教育

习近平总书记在2016年全国高校思想政治工作会议上的讲话中指出：要坚持把立德树人作为中心环节，把思想政治工作贯穿教育教学全过程，实现全程育人、全方位育人，努力开创我国高等教育事业发展新局面。研究生教育作为我国高等教育的“塔尖”环节，更应该主动承担起立德树人的根本任务，为培养社会主义建设者和接班人不懈努力。立德树人是高等教育的根本任务。立德树人，就是要以立德为前提、为基础，以树人为目标、

为核心。落实立德树人，是新时代高校的初心和使命。

研究生教育作为我国国民教育体系的顶端，是培养高层次专门人才的主要途径，是国家人才竞争的重要支柱，是建设创新型国家的核心要素。研究生导师是我国研究生培养的关键力量，肩负着培养国家高层次创新人才的使命与重任。为贯彻全国高校思想政治工作会议精神，努力造就一支有理想信念、道德情操、扎实学识、仁爱之心的研究生导师队伍，全面落实研究生导师立德树人职责（王璐，2021），充分发挥研究生导师在思想政治教育工作中的积极正向影响力，是探索研究生思想政治教育途径的新思路。

一、立德树人理念与研究生思想政治教育的内涵

（一）立德树人理念

何为立德树人？简言之，立德是坚持德育为先，通过正面教育来引导人、感化人、激励人；树人是坚持以人为本，通过合适的教育来塑造人、改变人、发展人。

《左传》载：太上有立德，其次有立功，其次有立言，虽久不废，此之谓不朽。意思是，人生最高的境界是立德有德、实现道德理想；其次是追求事业、建功立业；再次是有知识有思想、著书立说。这三者是人生不朽的表现，而立德居于人生三不朽之首，这充分说明了立德的重要性。

（二）研究生思想政治教育的内涵

思想政治教育是内涵丰富的概念，精准把握研究生思想政治教育的内涵特征，对提升立德树人实效性具有重要意义。思想政治教育指秉持正确的思想政治观点，对教育目标施加有目的的教育活动，向社会成员传达符合主流意识形态的教育内容。研究生思想政治教育秉持正确的思想政治观念与道德准则，运用社会实践等方式对研究生进行道德准则及民族时代精神等教育，使其形

成符合社会主义发展需要的思想政治素养。

随着社会的发展，新时代高校思想政治教育工作环境发生了较大变化，社会思潮的多样化加剧了高校思政工作的复杂度；新媒体时代信息飞速传播，对思想政治教育提出了新的挑战；市场经济环境下价值观的微妙变化，对思想政治教育产生了深刻影响。为应对新时代高校思想政治教育的变化，有必要在立德树人思想引领下，探索研究生思想政治教育的新途径，使其具有时代性、民族性等特征。

（三）立德树人与研究生教育相结合

马克思主义和中国特色社会主义理论是高校思想政治教育研究的理论依据，高校思想政治教育必须实行系统感化教育，其落实要以实践为基础，根据学生个体差异因材施教。

高校思想政治教育是党对广大青年学子进行理想信念教育的重要形式，坚持立德树人思想引领是落实党的教育方针的迫切需要。高校思想政治教育贯彻立德树人理念，培养研究生良好的思想政治素质与坚定的意志品质，有利于实现研究生在道德品质、学术素养、认知体系、眼界见识、专业能力等方面的综合发展。

二、当前研究生思想政治教育工作中的主要问题

（一）研究生人数剧增，研究生思想政治教育力量比较薄弱

近年来，我国研究生教育规模不断扩大，与迅速增长的研究生人数相比，高校研究生思想政治教育队伍建设发展相对缓慢，特别是研究生思想政治专职教育人员配备数量严重不足且工作能力参差不齐，这直接导致研究生思想政治教育工作开展力度和深度不尽如人意。

（二）研究生思想政治教育体制机制不够完善

目前，绝大多数高校对本科生的思想政治教育已具备完善的工作体制、机制和系统的工作内容、方法，但研究生思想政治教

育的体制、机制仍不够完善，如个别高校对研究生思想政治教育工作的管理比较松散，研究生思想政治教育机制缺乏创新，只是简单地将研究生思想政治教育工作纳入本科生思想政治教育工作体系，但具体教育内容和工作方式没有较强针对性和系统性，这使得研究生思想政治教育常常因高校本研之间培养规模、培养目标、培养模式和价值观念的不同而成为本科生思想政治教育工作的附属工作（秦玉，2013）。

（三）导师在研究生思想政治教育中具有“双刃”作用

我国研究生教育培养实行导师第一责任人制。北京大学问卷调查数据统计分析结果显示，86.64％的学生和92％的管理人员、教师认为，在研究生阶段导师对研究生的个人成长与发展影响最大。然而，在现实工作中，部分导师更多地将精力放在研究生专业能力的培养上，轻视思想政治教育；个别导师因缺乏对思想政治教育工作的认识且自身理论知识欠缺，不能及时发现并指导研究生中出现的思想问题；部分导师和研究生之间缺少思想上的深度沟通交流，使研究生对导师存在一定程度上的回避、抵制、畏惧心理，导致导师在引导研究生思想政治教育工作中的实效性不强（陈强，2022）。

三、研究生思想政治教育工作的创新

（一）坚持立德树人为根本，发挥研究生导师和专职思政教师联动协同育人作用

习近平总书记指出：我们强调学校教育、育人为本，德智体美、德育为先，就是说高校要成为锻造优秀青年的大熔炉。研究生教育担负着培养高素质、高层次专门人才以及发展现代科学技术、建设新型创新型国家的重任。研究生教育在社会生产力的发展和社会现代化建设中，占据着重要的地位。因此，研究生人才培养既要重数量，更要重质量，抓好质量是关键。在研究生的诸

多素质中，“德”的素质尤为关键，是摆在第一位的。开展思想政治教育要着眼于研究生思想道德现状及问题，有针对性地开展工作，如开展理想信念教育、社会主义核心价值观教育，引导研究生扣好人生的第一粒扣子。

立德树人要充分发挥研究生导师和专职思政教师联动协同育人作用。立德树人的本质是德才双馨、学研并举，主动履行好立德树人的基本职责。一是要立师德。所谓正人先正己，只有立师之德，才可能真正产生教化之力、育生之德。立师德，教师自身首先要以德立身、以德立学、以德施教；立师德，教师要“言传身教、身体力行”，真正成为研究生成长成才的指导者与引路人。二是教师在培养研究生的过程中，要有意识地注重“德艺”平衡发展，要坚持培养研究生专业技能服务于中国特色社会主义发展为目标，做到学术研究与教书育人相互促进。三是要在立德树人思想引领下，着力培育研究生科学技术的应用能力、科学研究的创新能力、技术研发的创造能力，使之成长为德才兼备、全面发展的高层次专门人才。

简单地说，就是要有意识地将立德树人理念贯穿研究生培养全方位、全过程。研究生的培养质量直接关系着我国“两个一百年”奋斗目标和“中国梦”的顺利实现，研究生教育对国家创新体系建设意义重大。要把好研究生培养质量关，就必须注重研究生培养的过程管理，做到全员全过程全方位育人，遵循研究生培养规律，将立德树人贯穿研究生培养全过程。

值得欣慰的是，目前各高校已认识到研究生全面发展培养工作的重要性，越来越多的高校已将思想政治教育贯穿研究生培养全过程，从课堂教学、学术指导、科研训练、论文指导、就业指导、心理健康辅导等环节，积极引导研究生树立正确的世界观、人生观、价值观，提升研究生的思想政治素质、道德品行、文化素养、专业技能，着力把研究生培养成为德才兼备、全面发展的综合型人才。

（二）激发体系创新源动力

随着国家研究生招生人数的逐年增加，各高校研究生在校生人数激增，传统精英教育模式下的研究生教育管理体制机制已经难以适应当前的情况，存在的问题越来越突出，如思想政治教育体系不健全、管理体制松散、责任落实不明确等。因此，要加快推进研究生教育管理综合改革，不断完善研究生思想政治教育体系。高校要逐步优化教育目标、教育主体、教育内容、教育载体、教育环境等研究生思想政治教育系统要素及其构成，提升系统工作效能。

《高校思想政治工作质量提升工程实施纲要》指出：充分发挥课程、科研、实践、文化、网络、心理、管理、服务、资助、组织等方面工作的育人功能，挖掘育人要素，完善育人机制，优化评价激励，强化实施保障，切实构建‘十大’育人体系。因此，各高校可以依托落实纲要要求这一契机，搭建一批思想政治工作平台，推进研究生思想政治教育系统化、科学化、规范化建设，着力构建“课程育人质量提升体系”等“十大”育人体系，从而实现各项工作协同协作、同向同行、互联互通，使思想政治工作有效融入研究生人才培养各环节，形成研究生思想政治教育融合发展的新格局。

（三）强化导师在研究生思想政治教育过程中的作用

教育部《关于进一步加强和改进研究生思想政治教育的若干意见》［2010（11）号］中指出，导师负有对研究生进行思想政治教育的首要责任，要充分发挥导师在研究生思想政治教育中首要责任人的作用。然而，在培养研究生的实际过程中，部分导师仍然在某种程度上对该指导意见不够重视，在教育培养过程中重视专业指导，较少关心研究生的思想政治教育、心理健康、生活及就业情况。因此，强化导师在研究生思想政治教育中的作用是当前提升研究生思想政治教育实效的重要途径之一。

高校相关部门应加强协作，相互配合，共同努力。应及时对各主管部门下发的文件进行统一组织宣传和学习，对其中的要求尽快落地转化；同时，应加强导师对研究生思想政治教育重要性的认识，组织开展以研究生思想政治教育为中心的形式多样、内容丰富的活动，以促进研究生导师全面提升思想政治教育水平。

基于上述思考分析可见，研究生思想政治教育作为研究生教育工作的重要组成部分，是事关研究生教育事业健康发展，事关国家人才战略和民族昌盛的重大问题。因此，新时期研究生思想政治教育工作的各个方面都必须以立德树人为思想引领，与时俱进，根据不断发展的客观环境提出、调整、改进创新性思路，不断探索研究生思想政治教育新途径，推进各项工作的落实落地，全面提高研究生思想政治教育的工作水平。

参考文献：

陈强. 研究生教育立德树人成效评价路径构建探析 [J]. 山东理工大学学报（社会科学版），2022（38）：1.

秦玉. 高校立德树人的路径探悉——基于新媒体时代大学生价值观嬗变与重构的研究 [J]. 哈尔滨师范大学社会科学学报，2013（5）：4.

王璐. 立德树人背景下高校思想政治教育的实践路径 [J]. 科教导刊，2021（19）：4.

新时代背景下研究生思想政治教育的差异化路径探索*

李佐红

（四川大学经济学院　四川成都　610065）

摘　要：本文采用访谈与问卷调查法，通过发放线上线下问卷开展调查，了解研究生和教师对当下研究生思想政治教育的真实想法和改进建议。全面而系统地评估当下研究生思想政治教育工作情况，主要包括现有特色工作和先进经验、现存问题和不足之处等内容。在对研究生思想政治教育工作的现状进行深入分析的基础上，针对具体问题，提出创新教育方式，革新教学内容，为探索研究生思想政治教育的差异化路径提出行之有效的改进建议。

关键词：新时代；研究生；思想政治教育；差异化路径

一、引言

在全国高校思想政治工作会议上，习近平总书记从全局出发，紧紧围绕中国特色社会主义高校应该培养什么样的人、如何培养人以及为谁培养人的根本问题，深刻回答事关我国高等教育

---

* 本文系“四川省教育厅 高校思想政治工作队伍培训研修中心（西南交通大学）思想政治教育研究课题（高校辅导员专项）”研究成果，项目编号：CJFSZ21－20。

事业发展和高校思政工作的一系列重大问题，对加强和改进新形势下高校思政工作提出明确要求、做出重大部署，具有很强的针对性、政治性和思想性，对新形势下高校思政工作具有纲领性作用，是中国特色社会主义教育理论的又一重大创新成果。

从现实层面来看，各高校积极响应中央的要求，加强重视研究生的思想政治工作。各高校迫切需要贯彻习总书记所强调的“在改进中加强”这一总体要求，提高研究生思想政治教育工作水平，推进中国特色社会主义高校发展。因此，深入了解研究生思想政治教育工作整体状况，总结已经取得的成就和经验，深入剖析当前存在的问题，探索提升研究生思想政治教育工作实效的相应对策，显然具有十分重要的理论价值和实践价值。

二、研究生思想政治教育的理论研究

自国家产生和阶级社会形成以来，思想政治教育作为人类社会中的一种社会实践活动一直是一种普遍的客观存在，其在不同时期不同国家有不同的名称和形式。研究生是国家未来发展的栋梁，其思想政治教育状况反映了社会文明程度，体现了国家人才的素质。因此各国仍在探寻适合本国研究生素质培养的有效途径，也都在努力推进提升研究生的综合素质教育。同时，研究生作为思想政治教育的对象，也应该具备较好的实践能力等。

首先，在研究生思想政治教育现状的研究方面，杨琳（2014）认为研究生在思想政治教育方面主要表现为总体上政治立场坚定，价值观念健康，但其还具有一定的复杂性，缺少相对的规范性。田仁连等（2020）提出，研究生思想状况具有多样性，主要表现为部分研究生的社会能力缺乏、政治信念模糊以及存在特殊心理问题等。

其次，对于研究生思想政治教育中存在的问题的研究，张耀灿（2015）提出思想政治教育学科建设仍存在不足，某些硕士生

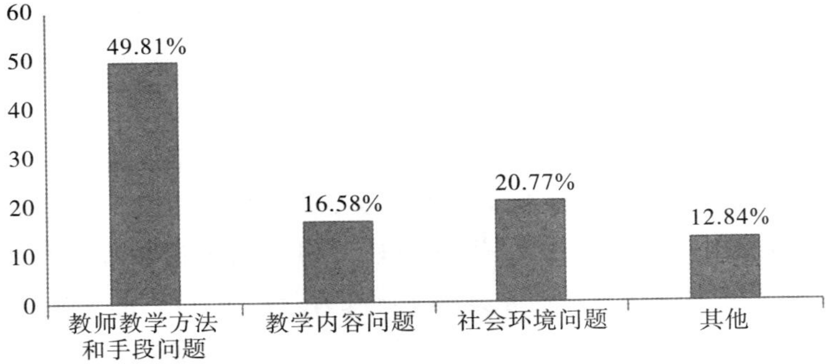

图 2　学生认为思想政治理论课教学中存在的最大问题

四、新时代背景下研究生思想政治教育的差异化路径探索

（一）转变教学理念

要厘清价值引领与知识传授之间的关系，树立全程育人理念。在研究生成长的整个过程中，坚持价值引领，使其实现价值认同和价值建构。研究生思想政治教育课程不仅仅有思想政治理论课，专业课、通识课、哲学社会科学课等都有思想政治教育的资源，应加快“思政课程”向“课程思政”的转变，挖掘高校思想政治教育资源。

（二）改革课程内容

思想政治理论课教师要依靠当代中国马克思主义理论，理论联系实际，以问题为导向，结合学生实际，并联系国家发展计划、国际局势变化，教授学生符合时代要求的内容。具体来说，就是要做到教育内容与时俱进，积极融入中国特色社会主义理论与实践的现状和新进展，根据变化的实践做出内容的调整，做到因地制宜、因人制宜、因事制宜。

（三）革新教学方法

要抓好围绕学生这个出发点改革教育教学方式。当前的研究生处于网络化、信息化时代，一方面，信息获取比较快，思维比较活跃，不喜欢被动灌输的教育方式；另一方面，网络信息量巨大，良莠不齐，学生缺乏一定的辨别力和判断力，存在困惑与迷茫。教师应根据学生的这一特点，掌握新技术，转变思维，不断提升自身能力，尤其是驾驭新媒体的能力，引导研究生积极思考，切实帮助其解决实际困惑，从而增强思想政治教育的获得感。

（四）抓好阵地建设

网络是当代研究生接触社会思潮、文化渗透的最主要渠道。互联网是一个社会信息大平台，研究生可以通过互联网比较容易地获得需要的信息，发表自己的观点，这在不经意间就会影响他们的求知方式、人生观、价值观，尤其是对于工作、人生、国家、社会的看法。通过互联网，高校思政工作者也可以走群众路线，深入到群众中去，了解学生的所思所愿，对学生的好的想法和建议积极采纳，对研究生网民的利益关切及时做出回应。同时，加强网上教育和网下教育的深度融合，线下课程与线上课程协同并进，在课堂教授之外还要引导学生在网络上学习“红色”课程。

（五）发挥导师“首要责任人”的作用

从宏观政策、制度设计、宣传教育等方面着手，建立一个能使导师首要责任人作用长效发挥的机制，加强导师在研究生思想政治教育工作中的主观能动性。在遴选机制上做出限制，重视导师德育的必要性，将导师思政素质、德育能力与科研学术指标有机结合起来，提高导师德育的遴选权重，并对师德有缺、德育无为的导师进行一票否决。优化激励机制，将学生思政教育工作作为导师考核的一个重要组成部分，完善研究生导师考核体系。导师考核要做到兼顾学术任务与德育工作，重视德育效果的同时优化德育过程，从学生、同事、领导三方面进行评价，推动研究生导师教学、思政、科研的有机结合。素质教育是终身学习的教育，导师也需要不断提高自身的思政教育意识、思政工作能力，抽出时间参加党团组织、心理学、教育学等方面的培训，更好地发挥导师首要责任人作用。

参考文献：

曹宁. 论新时期研究生思想政治教育存在的问题及对策［J］. 经济研究导刊，2016（21）：154－155.

段远鸿，吴佐文. 国内研究生思政教育水平现状和提升路径研究［J］. 教育学术月刊，2020（10）：106－111.

高利，束洪春. 新时代研究生思想政治教育探析［J］. 研究生教育研究，2020（3）：19－22.

官巧燕. 新时代研究生思想政治教育机制探析［J］. 教育教学论坛，2020（37）：56－57.

胡守强. 论研究生思想政治教育的难点及对策［J］. 大学教育，2017（5）：111－113.

孙宗伟. 研究生思想政治理论课教学的“三重特色”——以中国人民大学为例［J］. 思想教育研究，2019（10）：92－96.

杨琳. 研究生思想政治教育现状及对策［J］. 科技视界，2014（18）：134＋228.

张耀灿. 思想政治教育学科建设存在的若干问题［J］. 思想理论教育，2015（5）：48－52.

章小连. 研究生思想政治教育工作的主要问题与对策［J］. 公关世界，2020（18）：126－127.

红色文化融入大学生思想政治教育路径分析*

郑洪燕　罗　倩　刘睿康

（四川大学商学院　四川成都　610064）

摘　要：高校是大学生思想政治教育的主要阵地，将红色文化融入大学生思想政治教育，有利于引导大学生学习红色文化知识，根植红色文化基因，传承红色文化精神。本文针对当前对红色文化教育思考不足、资源整合不够，红色文化资源挖掘不够、利用不充分，红色文化教育不成体系、路径创新不够等问题，提出高校可从红色文化融入专业文化课堂、融入校园文化生活、融入社会实践活动等方面系统开展红色文化教育。

关键词：红色文化；大学生；思想政治教育

一、引言

习近平总书记多次围绕传承红色文化、弘扬红色精神做出重要论述与指示，提出要把红色资源利用好、把红色传统发扬好、把红色基因传承好。红色文化是以红色资源作为重要基础，以马

* 本文获“红色文化融入大学生思想政治教育的实效性研究”项目资助，项目编号：CSZ20001。

克思主义作为重要指导的先进文化，以中华民族精神以及革命优良传统作为精神根基，在中国共产党领导人民进行革命与建设过程中逐步发展形成（葛涛，2021）。红色文化作为中国先进文化的重要组成部分，对于弘扬中国革命传统、提升全民族的思想道德素质、激发全国人民昂扬向上的精神风貌，具有重要意义。

高校是大学生思想政治教育的主要阵地，将红色文化融入大学生思想政治教育，有利于引导大学生学习红色文化知识，根植红色文化基因，传承红色文化精神，提升大学生政治素养和思想品德，努力培养出不负时代重托的社会主义事业的合格建设者和可靠接班人。

二、红色文化融入大学生思政教育的重要意义

红色文化包括红色物质文化和红色精神文化，反映了党和人民群众在革命实践中形成的宝贵的精神品质和优良传统，对大学生、高校、国家都具有重要意义。

（一）有利于引导学生牢固树立理想信念，强化责任使命担当

习近平总书记强调，青年的价值取向决定未来整个社会的价值取向，青年处在价值观形成和确立的时期，要扣好人生中的第一颗扣子，树立正确的价值观。大学阶段是大学生价值观形成的关键时期，将红色教育融入大学生思想政治教育，有利于引导大学生深刻感悟革命先烈的英勇事迹和革命精神，从中国共产党经历的艰难险阻到今天的辉煌成就、积累下的历史经验与保留至今的优良传统中深刻领悟“中国共产党为什么能”“马克思主义为什么行”“中国特色社会主义为什么好”等道理，弄懂学通其中的历史逻辑、理论逻辑和实践逻辑，从而激发大学生的爱国热情和使命感、责任感，使其提高政治站位，不断增强“四个意识”，坚定“四个自信”，坚决拥护“两个确立”，坚决做到“两个维

护”，主动学习科学文化知识，积极投入参与新时代中国特色社会主义建设事业，为中华民族伟大复兴贡献力量。

（二）有利于高校落实立德树人根本任务，加强思想政治教育

习近平总书记强调，要把立德树人作为高校立身之本，坚持不懈传播马克思主义科学理论、坚持不懈培育和弘扬社会主义核心价值观、坚持不懈促进高校和谐稳定、坚持不懈培育优良校风和学风。高校依托第一课堂与第二课堂协同开展红色文化教育，包括红色文化理论知识的传授和社会实践学习，寻找解决高校思想政治教育工作应培养什么样的人、如何培养人以及为谁培养人等根本问题的最优路径。如参观旧址及旧居等以实物形态保存的红色文化基地，感悟每一处革命遗址所印记的峥嵘岁月、每一件革命文物所承载的厚重历史、每一位革命英雄背后的感人故事等。又如规划组织红色文创作品设计创作项目，使学生在设计与创作中体会红色文化蕴含的伟大精神。高校多维开展红色文化教育，有利于改变传统思政课单向理论灌输的单一方式，将红色文化教育融入大学生专业课堂，融入大学生校园文化生活，激发大学生情感共鸣，从而提高大学生思想政治教育的实效性和针对性。

（三）有利于大力弘扬中华民族传统文化，传承红色文化基因

习近平总书记强调，要加强革命传统教育、爱国主义教育、青少年思想道德教育，把红色基因传承好，确保红色江山永不变色。红色文化是党领导人民在长期的革命建设过程中形成的宝贵财富，体现了中国共产党人的使命和担当，象征着中国共产党人不怕苦、不怕累、不怕牺牲的优秀品德和为人民服务、百折不挠、团结奋斗、忠贞不屈等一系列崇高精神，是共产党人永葆本色的生命密码。大学生是新时代中国特色社会主义伟大事业的建

设者和接班人，是实现中华民族伟大复兴的主力军，将红色教育融入大学生思想政治教育，能够引导大学生学习、传承和弘扬红色文化。

三、红色文化融入大学生思政教育的现状问题

目前，红色文化融入大学生思想政治教育已经成为学界研究的重要课题。本文运用Citespace软件，在中国知网（CNKI）以“SU（主题）＝红色文化＋大学生”为检索表达式，选取2010—2020年共130篇文章进行可视化处理，发现“红色文化”关键词位居首位，频次为47，之后分别是“大学生”“思想政治教育”“社会主义核心价值观”“红色资源”“高校”“红色文化资源”等关键词，其频次都在10以上，显著高于其他关键词。在具体实践方面，很多高校都将红色文化融入大学生思想政治教育，红色文化教育的重要性和意义已被广泛认可，但目前仍然存在以下三个方面的问题。

（一）对红色文化教育思考不足，资源整合不够

红色文化教育是新时代中国特色社会主义建设的需要，也是高校实现立德树人根本任务的必然要求。目前，高校已经认识到红色文化教育的重要性，但是对于红色文化教育如何开展缺乏战略思考。一是高校在发布任务方面，没有设立专门的机构来探索红色文化教育的开展模式，未形成集中力量办大事的格局；二是各机构协同不够，更多地重视每一项活动如何开展、如何传播，对于活动策划、活动布局、活动覆盖等方面未进行关联性思考，导致高校资源浪费、活动效果欠佳等问题；三是存在重活动开展、轻活动评价的问题，虽然开展了很多红色教育活动，但是对大学生的接受程度和反馈程度分析不够。

（二）红色文化资源挖掘不够，利用尚不充分

红色文化资源具有生动性、直观性、故事性、参与性和扩展

性的特点。目前各高校大多照搬红色教育课件内容进行讲授，或局限于上级文件内容开展红色文化教育，对本校、本地区的红色文化资源挖掘深度不够。2018 年的抽样数据统计显示，67.5%以上的高校都没有开发相对独立的地方性红色文化专项校本课程（胡涵锦，2017）。同时目前很多红色文化资源仅着眼于物质文化层面，对文化背后的峥嵘岁月故事及历史革命精神挖掘深度不够、分析研究不系统，这导致红色文化教育存在浮于表面的现象，不利于深度引导大学生主动学习红色文化知识，弘扬和传承红色文化精神。

（三）红色文化教育不成体系，路径创新不够

当代大学生存在思维活跃、创新力强等特点，也是网络的“原住民”。针对当代大学生的时代特点和当前新媒体快速发展的时代背景，现有高校红色文化教育路径还不成体系，路径创新不够。目前，高校主要通过第一课堂的思政课讲授或少量其他课程传播部分红色文化，尚未形成系统的红色教育课程体系；同时也通过第二课堂课程中的参观实践等渠道开展红色文化教育，但在具体举措的创新方面，还未形成独有的话语体系，文化传播形式也较为单一、传统，特别是对红色文化如何融入新媒体传播还缺乏一定的思考。这使得整个红色文化教育尚停留在学生被动学习阶段，对大学生吸引力不够，未完全激发大学生的积极性和创造性，大学生的参与程度和学习热情较低。

四、红色文化融入大学生思政教育路径分析

红色文化融入大学生思想政治教育是一个系统工程，需要高校从战略布局角度，设置专门的部门负责统筹规划，部署安排，形成有目标、有高度、有深度的红色文化教育体系。具体的教育路径包括以下三个方面。

（一）将红色文化教育融入专业文化课堂

大学课堂是大学生获取知识的主要途径，高校要重视红色文化教育，有针对性地将红色文化教育融入专业文化课堂。一是提高专业教师对课堂的认识，课堂上不仅仅要传授科学文化知识，还要将学科学术讲授研究与思想政治教育互动融合，同频共振，实现价值引领、知识传授和能力培养的有机统一；二是加强对红色文化融入专业课程的指导，高校可组建专家团队与专业教师共同挖掘红色文化资源元素，丰富课程素材，形成相应的课程典范，提高专业教师对红色文化的理解和运用，从而对红色文化进行科学与精准的阐释；三是丰富课程内容形式，通过探究式学习等模式，加强师生之间的交流和互动，助力师生共同学习红色文化知识。

（二）将红色文化教育融入校园文化生活

高校第二课堂具有内容丰富、形式多样、专业融合、参与广泛等特点。高校可充分利用第二课堂平台，将红色文化教育融入大学生的校园文化生活，营造人人学习红色文化知识的良好氛围。一是搭建学习平台，强化学习评价，通过融合“自上而下+自下而上”的学习方式引导大学生自主学习；二是创新多元载体，丰富活动内容，依托大学生创新能力强等特点，成立孵化机构，主推红色文化文创产品、故事“汇”家乡、“红歌”青春会等大学生喜闻乐见的红色文化教育项目，激发大学生主动学习红色文化的积极性和创造性；三是利用新媒体平台，鼓励大学生用自己的语言来做红色文化传播的代言人，提升其对红色文化的认识。

（三）将红色文化教育融入社会实践活动

社会实践是大学生思想政治教育的重要环节，对于促进大学生了解社会、了解国情、增长才干、奉献社会、锻炼毅力具有重要作用。高校可通过假期社会实践活动引导大学生开展红色文化教育活动。通过文化宣讲、采访学习等实践活动，让大学生自我设计、自我安排，主动吸收消化红色文化知识，传播红色文化精神；通过实践体验式的学习参观，不停留在参观的表面，而是从专业学习的角度，与学校的课程比赛结合，与创新创业训练计划结合，说出对红色文化的深刻理解；通过参与体验式的实习调研，深入基层，深入一线，开展生产实习等具体工作，理解新时代的奋斗精神，在奉献自我中真切感悟红色文化，赓续红色血脉。

五、总结

红色文化是党和人民在长期革命实践中积淀和凝练的宝贵财富，对大学生成人成长成才，对高校贯彻立德树人根本任务，对国家传承红色基因都具有重要的作用。高校作为培养人才的主阵地，可通过将红色文化融入专业文化课堂、融入校园文化生活、融入社会实践活动等方式系统地开展大学生思想政治教育，引导大学生主动学习红色文化知识，弘扬传承红色文化精神，矢志践行初心使命，为中华民族的伟大复兴贡献力量。

参考文献：

崔建. 红色文化融入高校思想政治教育探究［J］. 学校党建与思想教育，2020（4）：95－96.

葛涛. 红色文化融入思想政治教育的现状分析及对策建议［J］. 思想政治教育研究，2021，37（6）：62－66.

胡涵锦. 关于思想政治理论课用好课堂教学主渠道的若干思考［J］. 思想理论教育，2017（3）：63－68.

孔祥慧. 用红色文化引领大学生思政工作［J］. 人民论坛，2019（7）：128－129.

习近平. 用好红色资源，传承好红色基因　把红色江山世世代代传下去［J］. 求知，2021（6）：4－10.

习近平总书记系列重要讲话读本［M］. 北京：人民出版社，2016.
许桂芳. 新时代高校思想政治理论课传承红色基因的价值意蕴及其实现［J］. 教育理论与实践，2020，40（33）：33－35.
张亮，周静. 新时代大学生红色文化教育的现状、问题与对策——基于全国71所高校的实证分析［J］. 湖南科技大学学报（社会科学版），2021，24（2）：163－169.

"三全育人"视域下高校研究生学业指导路径优化研究

刘 峥[1] 李 侠[2]

（1 四川大学经济学院 四川成都 610064；

2 四川大学研究生院 四川成都 610064）

摘 要："三全育人"是对当下育人项目、载体、资源的整合。随着我国教育事业不断发展壮大，高等教育进入聚焦人才培养、助推教育教学提质增效的重要阶段。对高校研究生进行学业指导，既有利于学生提高学业成绩、规划人生，也有利于学校提高教学质量和社会影响力，目前我国高校虽然已经开始了学业指导的尝试探索，但尚未形成完备的指导体系。而欧美国家的重点高校具有较长的办学历史，已经在长期的探索中建立了完备的学业指导体系，具有一定的借鉴价值。因此，本文在"三全育人"的理念下，对美国、英国、德国及日本等国家的学业指导制度进行分析，厘清国外知名高校的研究生学业指导模式，以期对我国高校研究生学业指导路径进行进一步优化。

关键词：三全育人；国外高校；学业指导；路径优化

一、相关文献综述

2018 年，教育部在《关于开展"三全育人"综合改革试点泛的，内容上也主要是从学校层面出发，在较大的方向和领域进行指导。这种打包式的指导只能绘制出学生发展的总体轮廓，不能帮助学生结合自身特点进行分析和规划，个性化指导的缺乏往往会让学生失去参与的积极性，同时也较难在短期内产生良好的效果。

（三）学业指导体系不完善

就国内高校情况来看，大部分高校并没有设立专门的学业指导机构，通常是依靠教务部门与学工部门协调开展具体的学业指导活动，学校各个部门及学生组织尚未形成合力，系统全面的学业指导体系的构建还处于探索阶段。而实际的指导用书也仅仅是高校编写的学生手册，内容主要是规章制度，学生能够获取的信息较为有限，较难及时准确地满足学生对学业指导的长期需求。

三、国外高校学业指导模式及路径借鉴

早在春秋战国时期，孔子就提出了“因材施教”“教学相长”等指导理念，并在历代的教育教学中得到应用发展，但是其停留在学习指导层面，还未扩展到学业指导。现代意义上的学业指导概念源于西方国家，其中以英、美等国最具代表性，而在东亚地区，日本较有特色，因此本部分将具体分析英、美、德、日等国家的学业指导模式，为我国的研究生学业指导体系构建提供思路。

（一）英国剑桥大学模式

英国剑桥大学（University of Cambridge）坚持“以生为本”的理念，始终将学生放在学业指导的核心地位，研究生培养更是如此。剑桥大学构建了师生相结合的学业指导体系，明确学校宏观指导、学院具体引导、学生组织发挥朋辈导师作用的机制。设立专门的一站式学业指导服务机构，在学习咨询、心理咨询、职业咨询等方面提供服务，并通过分层级的方式规定了“初步、专

红军长征文化的内涵、价值与思政效能研究*

——以四川区域红军长征文化资源为中心的讨论

罗晓蓉

（四川大学数学学院　四川成都　610064）

摘　要：红军长征是人类文明史上的伟大壮举，四川作为红军长征的主要区域，拥有丰富的红军长征文化资源。本文通过分析四川区域红军长征文化资源的内涵、价值，探讨其所具有的思政效能以及继承和弘扬红军长征文化的路径，以期更好地保护和开发四川区域红军长征文化资源，完善和拓展高校思想政治教育研究。

关键词：四川区域；红军长征文化；红军长征文化内涵；红军长征文化价值；思政效能

红军长征是人类文明史上的伟大壮举。长征不仅生动地反映了中国人民的革命风范，而且集中体现了中华民族自强不息的民族品格。在中国历史乃至世界历史上，红军长征文化升华为一脉

* 本文系西华大学地方文化资源保护与开发研究中心立项项目“四川区域红军长征文化遗产研究”阶段性成果，项目编号：17DFWH－008；四川大学教改项目“大学生职业生涯规划课程与思想政治教育耦合方法研究”阶段性成果，项目编号：SCU9114。

丰富而具有活力的红色文化。从革命时期的红军长征到新时代中国特色社会主义的长征，从革命时期红军长征文化的创建到新时代以来长征文化的传承赓续，长征文化展现出丰富的价值与内涵。

四川作为红军长征的主要区域，拥有丰富的红军长征文化资源。四川是红军长征停留时间最长的地区，红军长征历时两年，有 20 个月辗转在四川。长征经过川属地区多达 100 多个县，建立了川陕革命根据地。四川也是长征途中发生重要战役最多的地区，许多著名战役如四渡赤水、飞夺泸定桥、强渡大渡河、巧渡金沙江等，都是在四川进行的。四川还是长征途中召开重要会议最多的省，14 个重要会议如两河口会议、磨西会议、会理会议等，都是在四川进行的（彭塞，1996）。红军长征成为四川一段不可磨灭的历史，也为四川留下了非常丰富的红军长征文化资源。

四川区域红军长征文化资源是对大学生进行思想政治教育的宝贵财富，加强对长征文化尤其是对四川区域红军长征文化资源的内涵研究、价值和思政效能的传承与发展，在新时代具有重要的历史意义和现实价值。

一、四川区域红军长征文化资源的文化内涵

（一）一以贯之的爱国主义和民族主义

1931 年，日本帝国主义侵略中国，中华民族危在旦夕。尚在长征途中的中国红军发表《八一宣言》，号召抗日则生，不抗日则死，抗日救国，已成为每个同胞的神圣天职，并且确定了以坚决的民族战争反对日本帝国主义侵略的总任务（肖震，2015）。

四川人民在红军长征中，为民族解放和国家独立做出了重要贡献，体现出彪彰于史书的民族主义和爱国主义精神。红军长征走到四川，四川人民参加红军的人数超过 10 万，为中央红军输

送了非常多的革命力量，发挥了极其重要的革命人才的支撑和补给作用。四川是长征主要区域，孕育出“排难创新、智勇坚定、团结奋斗、不胜不休”的红军精神，激励红军将士冲破围追堵截，北上抗日、共赴国难。长征的胜利让红军实现了由国内革命战争向抗日民族战争的战略转变，鼓舞了全民族团结抗战的信心和勇气。红军长征中的民族主义和爱国主义精神，为大学生思想政治教育提供了取之不尽的红军长征文化资源。

（二）促进中华民族复兴的新长征精神

长征铸就了伟大的长征精神。红军长征行至四川时，人数损失惨重，但红军将士置生死于度外，形成排除万难、迎难而上、争取胜利的长征精神。红军将士一面与国民党斗争，冒着枪林弹雨，强渡大渡河、飞夺泸定桥、翻越夹金山，终于战胜强敌；一面与残酷的自然环境抗争，面临供给困难、缺衣少食的艰难条件，穿越无人敢去的大雪山，走过荒无人烟、危险重重的大草地，与天斗、与地斗，体现出红军不惧远征难、万水千山只等闲的英雄气概。

长征是中华儿女寻求中华民族复兴的征途。习近平总书记指出，当年的长征是我们党带领人民夺取政权的长征，新时代的长征是实现“两个一百年”的奋斗目标，是中华民族伟大复兴征程的一部分，长征永远在路上（中共中央党史研究室第一研究部，2017）。

中华民族伟大复兴是一项长期而艰巨的任务，复杂且多极化的国际环境更增加了复兴的难度。当前的中国处于经济社会体制转型的关键时期，改革已进入攻坚克难的深水区，实现“两个一百年”的新的长征目标，其面临的困难和艰险不亚于当年的长征。

在革命时期，长征精神为中华民族的解放和独立提供了动力；新时代，长征精神赋予我们战胜困难、坚定信心的智慧和力量，为社会主义建设和民族复兴提供精神支撑。继承革命的长征精神，并在新形势新环境下弘扬新的长征精神，不惧西方的打压，独立自主、实事求是，坚持与发展具有中国特色的社会主义道路，是党战胜困难和风险的根本保证。习近平总书记说：如果我们现在遇到困难，就应该想一想当年红军长征，这是中国历史的奇迹，是世界历史的奇迹。有了这样的精神，没有什么克服不了的困难，我们完全有信心、有决心、有恒心实现中华民族伟大复兴的中国梦（中共中央党史研究室第一研究部，2017）。

二、四川区域红军文化资源的思政教育价值

四川区域红军长征文化资源的文化内涵，对于开展爱国主义教育、理想信念教育和革命传统教育，大力弘扬爱国主义精神、培育和践行社会主义核心价值观有着重要作用和积极意义。红军长征文化是具有中国特色的先进文化，它以红军文化资源为依托。四川区域红军长征文化资源由于其在红军长征中的重要历史地位，能够全面而集中地彰显红军的政治品格、价值追求和精神风范，对人们的思想、行为具有潜移默化的影响，是改进和加强大学生思想政治教育的重要资源。

（一）四川区域红军长征文化资源，是弘扬民族精神和爱国精神的重要支撑

长征期间日本帝国主义加紧对中国的侵略，危及中华民族存亡。四川区域红军将士顺应时代的要求，以民族利益为重，先后制定了各项有利于全民族抗日的方针政策。即使在异常艰苦的条件下，红军将士也以天下为己任，以人民利益为根本，积极对抗民族大敌，体现出高度的民族精神和爱国主义。

中国特色社会主义建设是新的长征，改革创新的目的是建立富强、民主、文明、和谐的社会主义现代国家，它与革命时期所包含的“爱国”与民族主义精神的本质是一样的，都是最根本、

最深层、最永恒的爱国主义。习近平总书记（2014）指出：实现中国梦必须弘扬中国精神。中国精神是以爱国主义为核心的民族精神，爱国主义始终是中华民族坚强团结在一起的精神力量。这一论述指出爱国主义为核心的民族精神是实现中华民族伟大复兴的精神支柱。

四川区域红色文化资源中蕴含的坚贞不屈的爱国主义和民族主义精神，在革命时期支撑着中华民族抵御外敌入侵。在新中国建设时期，继承和弘扬爱国主义和民族主义精神而形成的新的长征精神，引领了人民脚踏实地、团结一致建设社会主义的实践，努力实现中华民族的伟大复兴。

（二）四川区域红军长征文化资源，是践行社会主义核心价值观的必然要求

四川区域红军长征文化资源蕴含的长征精神主要包括四个方面：不怕牺牲、前赴后继的精神；勇往直前、坚韧不拔的精神；众志成城、团结互助的精神；百折不挠、克服困难的精神（石仲泉，2007）。这些精神的核心价值观包含在社会主义核心价值观之中，与社会主义核心价值观中对公民层面的价值要求是一致的。

社会主义核心价值观涵盖民族精神和时代精神，民族精神和时代精神丰富了社会主义核心价值观的内涵，体现了社会主义核心价值观的本质要求。学习四川区域红军长征文化资源，弘扬红军长征精神，可以帮助大学生树立正确的人生观和价值观，是践行社会主义核心价值观的必然要求。

（三）四川区域红军长征文化资源，是提升文化自信的现实需要

党的十八大以来，习近平总书记多次提到文化自信，指出文化自信是更基础、更广泛、更深厚的自信，使之成为继道路自信、理论自信和制度自信之后，中国特色社会主义的“第四个自

信”。

四川区域红军长征文化是中国红色文化的重要组成部分，在百年传承发展中积淀的红军革命传统、爱国主义、高尚品德、理想信念等优秀品质，为提升文化自信提供了不竭的精神动力和强大资源优势。

此外，四川区域红军长征文化为文化自信提供强大的鼓舞力和凝聚力。为继承和弘扬红军长征文化，四川通过挖掘和整合四川区域红军长征文化资源，增强民族自信心和自豪感，并将其转化为建设中国特色社会主义的强大动力，不断创新转化四川区域红军文化资源，用光辉的红色历史滋养初心使命，用红色文化赓续党的精神谱系，坚定中国特色社会主义文化自信。

三、继承和弘扬四川区域红军长征文化的现实路径

在新时代，继承和弘扬红军长征文化，我们不仅需要理论上的研究与思考，更需要不断探索和实践，以获得理论性和实践性的辩证统一。

（一）以思想道德建设促进四川区域红军长征文化的培育

体现民族精神和爱国主义精神的红军长征文化，是中华民族传统美德的精髓，其中蕴含的以爱国主义为核心的民族精神，是中华优秀传统文化的核心。

四川区域现存的红军革命遗址、博物馆、革命纪念地等，可以开辟成红色文化旅游及教育课堂。将公民道德建设融入红色文化的学习、教育和认同的过程，加强对民族精神和时代精神的体认，以思想道德建设促进红军长征文化的培育，这既有助于红色文化的继承与弘扬，又能丰富社会主义道德体系的内涵。

（二）发挥学校教育的主阵地作用，构建有效的教育机制

青少年是国家的未来、民族的希望，他们的爱国主义情怀和民族主义精神关系到整个国家的未来。因此在继承和弘扬红军长

征文化、培育民族精神和时代精神教育的进程中，要将青少年作为教育的重点，将学校作为教育的主阵地。

根据教育机制的层次性和教育对象的差异性，对不同年龄段的学生采取不同的教育策略。对学前儿童和小学生，开展民族精神的启蒙教育，使他们从小接受长征故事、长征精神熏陶，培养德行、规范言行，起到“润物细无声”的作用。对中学生，开展红军长征文化的认同教育，了解红军长征文化的时代特色，使他们树立民族自尊心、自信心和自豪感。对大学生，通过优化思政教材，将四川区域红军长征事迹、英雄人物、红色榜样等纳入教材，构筑他们的理论认知体系，增强他们弘扬和践行红色文化的主动性，让他们能肩负起中华民族伟大复兴的时代重任。

（三）发挥网络新媒体在弘扬四川区域红军长征文化中的作用

随着网络技术的发展，各种自媒体如雨后春笋般涌现出来，微博、微信、知乎问答、今日头条等各类公众号平台及抖音等视频类网站 APP 的迅速崛起，深刻改变了人们的社交方式。自媒体在学生中非常普及，是大学生进行信息处理的常见工具。

利用互联网技术建设四川区域红军长征文化教育网站，开展红色文化数字工程建设，充分利用官网、官微、微信公众号及不断开发新型视频、音频、图文的传播渠道，使得网络新媒体为弘扬红军长征文化服务。

四、结语

红军长征文化资源蕴含的文化内涵，是不同时期共产党人世界观、人生观、价值观的全面展示。从抵御外辱时呈现的强烈的民族主义和爱国主义精神，到革命和建设时期的理论与实际相结合的科学方法论，都在红军长征文化资源中得到体现，是党和人民群众的优良传统和宝贵的文化财富。它和其他优秀文化一起，内化为中华民族的文化基因，成为中国特色社会主义文化自信的重要内容，有助于提高广大人民群众，尤其是大学生对红色文化的认同，是推动理想信念、爱国主义、集体主义、革命传统教育入脑、入心的重要文化资源。

参考文献：

陈华明，汪东升. 研究生教育管理探索与创新［M］. 成都：四川大学出版社，2021.

彭塞. 红军长征的伟大历史意义及四川在红军长征中的地位［J］. 四川党史，1996（6）：3－6.

石仲泉. 红军长征和长征精神［J］. 中共党史研究，2007（1）：55－63.

习近平. 习近平谈治国理政［M］. 北京：外文出版社，2014.

肖震. 铁蹄下的抗争——浅谈中国共产党领导东北人民开展的抗日斗争［J］. 世纪桥期刊，2015（7）：4－5.

赵云飞. 东北抗联精神对当代思想政治教育的启示［D］. 牡丹江：牡丹江师范学院，2017.

中共中央党史研究室第一研究部. 长征史新论［M］. 北京：中共党史出版社，2017.

高校研究生综合素质课优化路径研究

——以四川大学研究生综合素质课建设为例*

蒋信良

（四川大学研究生院　四川成都　610000）

摘　要：研究生教育是国民教育的最高层次，承担着培养又红又专、德才兼备高层次人才的重要使命。但研究生思想政治工作是高校思政工作中相对薄弱的环节，存在重专业科研、轻思想政治素养培养的现象。为破解研究生思想政治教育难题，四川大学提出研究生教育要以促进研究生全面健康成长和造就卓越综合能力为目标，构建研究生成长支持系统和研究生综合素质培养课程体系，开设“研究生综合素质系列课程”。通过该系列课程建设，四川大学探索出了一条推动研究生思想政治工作走进第一课堂，提升研究生思想政治素养，推动研究生思政工作全员、全方位、全过程育人的路径。

关键词：研究生思想政治教育；研究生综合素质系列课程

* 本文受“四川大学中央高校基本科研业务费研究专项项目”（项目编号：sksz202108）和“四川省学位与研究生教育学会研究课题经费资助项目”（项目编号：2021YB0302）支持。

一、研究生综合素质课建设理念和实施情况

所谓综合素质，是指人所具有的知识以及分析、处理事物的潜能，通常包括思想政治素质、科学文化素质、身体素质等。而研究生的综合素质是十分广泛的概念，除了上述三个基本素质以外，还包括创新能力素质、道德素质和心理素质。研究生综合素质的培养和提高是一项长期、复杂、需要不断地在实践中得以发展的系统工程（潘炳龙、金佩华，2001）。

（一）研究生综合素质课建设理念和思路

根据习近平总书记在第一次全国研究生教育会议上的重要指示以及多部委联合出台的《关于加快新时代研究生教育改革发展的意见》，研究生教育要坚守立德树人、前瞻引领、研究创新的初心，为党育人，为国育才，把思想政治教育摆在第一位。[①] 研究生综合素质课应突出“培育爱党爱国红心，铸牢理想信念根基、强化核心素养养成”的课程目标，不断提升研究生以思想政治素养为核心的综合素质。

研究生综合素质课应按照“标准制定—课程开发—院校两级组织—辅导员老师授课—主管部门考核—多方主体反馈”的流程，形成正向反馈的闭环式推进路线。采取信息化、节点化、可视化的方式落实责任主体，实现研究生综合素质课由分散到集中的体系转变，使之成为研究生思政教育工作的关键平台和重要载体，充分发挥课堂育人主渠道作用。

（二）研究生综合素质课实施情况

目前，四川大学研究生综合素质课的实施经历了两个阶段。

---

① 教育部发布会介绍《关于加快新时代研究生教育改革发展的意见》等有关情况，中华人民共和国中央政府网站，http://www.gov.cn/fuwu/2020－09/23/content_5546215.htm。

第一阶段始于 2017 年 9 月，四川大学发出《关于开设四川大学研究生综合素质系列课程的通知》，制定了《四川大学研究生综合素质系列课程改革方案（试行）》，规定从 2017 级研究生起，在研究生培养阶段的第 1～6 学期（两年制为第 1～4 学期）均开设必修课“研究生综合素质系列课程”，将课程纳入各学科各层次各专业研究生培养方案，单独设置课程号，合计 1 学分，至少 18 个学时。课程针对各个年级的研究生分别开设，每学期至少安排 3 次主题讲座（每次计 1 学时）。主题讲座可以选聘本校或外校知名专家讲授，也可以由研究生辅导员讲授，具体讲授内容由各培养单位自行确定。课程内容涵盖了社会主义核心价值观、形势与政策、人文素养与科学精神、学术道德与学术规范、学术论文写作、中华传统文化、社会主义先进文化与革命传统文化、心理健康、创新创业、学术生涯规划与就业指导、专业素养与学术前沿等。

第二阶段始于 2020 年 4 月，教育部等八部门发布《关于加快构建高校思想政治工作体系的意见》，提出要构建理论武装、学科教学、日常教育、管理服务、安全稳定、队伍建设、评估督导、组织保障等八个方面的高校思政工作体系。[①] 2020 年 7 月，中央召开了全国研究生教育会议，习近平总书记和李克强总理对研究生教育工作做出了重要指示批示，教育部出台了深化新时代研究生教育改革的系列文件。教育部系列改革文件也就加强研究生思想政治教育、不断完善思想政治教育体系、健全“三全育人”机制做出了具体规定。以此为背景，四川大学于 2020 年 12 月召开了全校研究生教育工作会议，出台了系列改革文件。《四

① 《教育部等八部门关于加快构建高校思想政治工作体系的意见》，中华人民共和国中央政府网站，http://www.gov.cn/zhengce/zhengceku/2020－05/15/content_5511831.htm。

川大学新时代研究生教育深化改革与创新发展实施意见》明确提出要充分发挥课堂协同育人、同向同行的主渠道作用，深化研究生思政课程和综合素质课程改革，推动课程思政建设。为此，在前期三年建设的基础上，2020 年 12 月制定出台了《四川大学研究生综合素质课课程实施细则》，对研究生综合素质课进行了整合重构、规范统一和深化改革。

二、研究生综合素质课建设成效

一是完成了载体平台的搭建，优化了课程体系和教学内容。课程以铸牢理想信念根基为核心，强化价值引领和灵魂锻造，着重培养研究生又红又专的精神气质，培育与研究生专业能力和科研发展紧密结合的思想政治核心素养。同时，综合素质课第二阶段改革，也为学院预留了开设特色选修专题的空间，充分鼓励学院围绕学科专业发展的特殊要求，开设满足本学院研究生综合素质发展需要的特色选修专题。经过两个阶段的课程建设，四川大学研究生综合素质课在整合各基层培养单位研究生综合素质课专题设计思路的基础上，结合研究生思想政治工作最新要求，将研究生综合素质课 6 学期（两年制为 4 学期）全学段分为 13 个必修专题（至少 18 个学时）和学院自设选修专题，课程涉及研究生思想政治教育的方方面面，内容上既包含思想政治教育的传统内容，也将近几年新的教育要求纳入其中。

二是构建了较为健全的体制机制，完善了研究生综合素质课教学运行机制，构建了校院协同、全员育人的课程组织体系。在学校层面，通过研究生综合素质课的开设，研究生工作部门与研究生培养部门充分配合，共同推动课程开设和教学运行，推动实现研究生“思政教育与专业培养”的充分融合；课程邀请学校业务部门参与研究生综合素质课相应必修专题的教学指导和培训，提供相关教学资料，组织辅导员集体备课，从而将学校相关部门参与研究生思想政治教育的积极性调动起来，为学校部门间协同育人提供了链接点。在学院层面，建立了由分管研究生培养工作的负责人和分管研究生思想政治工作的负责人为组长，研究生辅导员和研究生教务干事以及相关任课教师为成员的“研究生综合素质系列课程”教研组，各育人岗位在日常工作中通力配合，相互支持，初步形成了研究生研工口、研究生教务口合力育人的良好局面。在教学师资方面，通过制定综合素质课课表，在研究生不同学期开设专题讲座，通过研究生辅导员走上讲台授课或选聘校内外专家讲授不同专题讲座等形式，推动各方面教学力量共同参与课程建设，全员育人格局初步形成。

三是推动研究生辅导员的专业化和专家化，研究生辅导员综合素质课教学能力得到提升。研究生综合素质课是辅导员走进第一课堂开展思想政治教育的载体和平台，是拉近辅导员与研究生关联度和粘连度的课堂教学场域。研究生辅导员是上好研究生综合素质课的第一责任人，是综合素质课的课程组织者、教学实施者和学分认定者。强化研究生辅导员教学能力是研究生综合素质课课程建设重要环节。通过专题教学示范、开展必修专题教学经验交流、开展教学专题集体备课和研讨等方式，有效地落实落细了研究生辅导员课程建设责任，提升了研究生辅导员的教学能力及教学质量。

三、课程建设推进高校研究生综合素质教育的五个维度

（一）在教学目标上，突出在“专”的基础上协力培养研究生的“红”

研究生是国家培养的高层次专门人才，在专业学习和科研业务上具有一定的专精尖特征。研究生要成为社会主义优秀建设者和可靠接班人，除了需要具备扎实的专业素养外，还需要具备坚定的理想信念、过硬的政治素养、完善的综合素质、砥砺奋斗的

精神气质和勇担使命的情怀修为。而传统研究生培养方案中的专业课主要立足于培养研究生的专业素养，研究生思政课也主要聚焦于思想理论的知识教学，且很难覆盖研究生全学段。

研究生综合素质课建设能够填补两者之间的育人空白。一是研究生综合素质课将常态化的日常思想政治教育主题上升为第一课堂的必修课程，以必修专题作为课程主干，授课内容坚持稳定性和灵活性相结合，能迅速地吸收党的最新的创新理论，不断更新课程教学内容，且涵盖了研究生学习科研的全学段全过程，持续有力地推动了研究生育红心、筑信念、强素质、长才干。二是研究生综合素质课专题中既有思政教育的核心内容，又有与专业素养培育相关的专题。研究生综合素质课作为思政课和专业课之间的纽带和桥梁，能够与其他两大课程群形成课程协同育人育心的聚力效应，构成研究生思政教育体系的完整链条。

（二）在教学内容上，坚持“三贴近”的全学段全过程育人路径

研究生综合素质课遵循了研究生成长规律，教学内容设计丰富，既涵盖了日常研究生思想政治教育的相关主题，又满足了研究生成才的阶段性现实需求。四川大学研究生综合素质课纳入了各专业、各层次、各类型研究生的培养方案，课程坚持贴近研究生思政工作实际，贴近研究生成长生活需求，贴近研究生核心素养发展需要。课程分专题、分模块、分阶段地融入政治引领、价值引导、家国情怀、爱校情结、法制安全、生涯规划、就业指导、心理健康、人文修养、科学精神等研究生思想政治工作内容，实现了研究生成长各阶段的全过程育人。

（三）在教学形式上，通过多样化授课形式全领域全方位育人

研究生综合素质课授课形式多样，能够促进第一课堂和第二课堂全领域联动融合，切实增强课程的吸引力和感染力。综合素

质课各专题授课形式打破了传统课程的简单的“老师讲、学生听”讲授形式，包括但不限于专题讲授、专家讲座、主题报告会、参观访问、社会实践等形式，采取讲授、讨论与实践相结合的全方位授课形式。丰富多彩的授课形式避免了枯燥无味和简单说教，同时将第一课堂的讲授与第二课堂的实践活动充分融合，取得第一课堂与第二课堂无缝对接、协同育人的良好效果，提升了学生课程参与的积极性和主动性。

（四）在教学力量上，具有各方面协同的全员育人实践特色

研究生综合素质课建设能够充分调动全校各单位各教育主体参与研究生思想政治教育的积极性和主动性，切实落实各方面协同育人的实践要求。以必修专题为主干，兼及发挥学科专业特色设立院本选修专题，充分发挥学校相关部门业务指导的专业性，调动学院参与课程建设的主动性，调动辅导员主导授课和专家学者参与授课的积极性，搭建了全校各单位各主体参加研究生思政教育协同育人的工作平台。

（五）在教学效果上，提升学生课程学习获得感

研究生综合素质课旨在提升研究生思政工作的针对性和有效性，培养学生核心素养，增强研究生主动参与思想政治教育的自觉性和主动性。研究生综合素质课集中体现了研究生应该具备的以理想信念和思政素养为核心的综合素质，既落实落细了研究生思想政治工作要求，又满足了研究生在不同阶段的成才需要，有效提升了研究生参与课程学习的获得感。课程围绕培养德智体美劳全面发展的社会主义建设者和接班人，着力强化研究生理论武装，厚植爱国爱校情怀，深化培育和践行社会主义核心价值观，推动研究生切实把个人成长与国家发展战略、民族复兴伟业充分结合，明确人生成才目标，增强研究生的责任感和使命感；课程着力培养研究生的理想信念、劳动观念、健康理念、家国情怀、科学精神、创新能力、实践能力、领导能力和国际竞争力等核心

升，与此同时，研究生所面临的就业问题越来越深刻和复杂。高校为帮助研究生树立正确的择业观、增强就业意识、获得就业信息、提高就业能力，不断地适应社会发展的新趋势与新需求，进行了许多卓有成效的理论探索和实践创新。然而，在多元文化价值观的冲击下，一方面研究生的专业能力扎实、创新思维活跃、自我追求多元、个体意识强化，另一方面有少数研究生表现出理想信念模糊、社会适应性差、功利主义倾向严重与奉献精神缺失。

（一）专业知识深厚但理想信念模糊

研究生培养水平反映了国家人才培养的整体质量，是评估国家研究能力和学术水准的重要指标。当代研究生基本具备某一专业领域坚实的基础理论和宽广的专业知识，高校也致力将研究生培养成具有科学素养、创新能力和实践能力的高层次专门人才。但学业与科研的压力也使研究生呈现出对思想政治教育缺乏兴趣、对职业理想缺乏思考、对职业价值观和职业道德素质缺乏学习的现状。少数研究生政治热情淡漠、理想信念模糊，没有把国家和社会的需要作为个人职业理想和职业取向的依托。

（二）创新思维丰富但社会适应性差

创新与创新人才作为国家核心竞争力业已成为大国竞争的新赛场，创新也是研究生教育的核心内容。随着高校深化研究生教育改革、强化研究生创新能力的培养，我国研究生创新思维能力与水平有了明显的提高。但在学习与科研以外，创新思维与能力并没有被培养成为研究生在就业过程中的一种可迁移技能。于是出现了研究生理论知识宽泛、理论基础深厚，但分析问题、解决问题的实际能力相对欠缺，实践能力和应用能力相对薄弱等问题。此外，部分研究生缺乏责任担当、合作精神、竞争意识、管理能力，无法成为用人单位所需要的复合型、应用型专门人才。

（三）自我追求多元但价值取向功利

社会的发展和进步给个人发展的多元化提供了自由和保障，研究生群体在丰富多元的就业观念下面临着丰富多元的就业选择。越来越多的研究生愿意调整自己的发展路径，拓宽自己的未来选择面。然而多元化社会思潮的冲击也导致部分研究生就业价值取向非常实际，相较于本科生，他们对就业的考量更为功利和现实。这表现为在就业地域的选择上主要定位于一线城市、省会城市，在就业单位的性质上主要定位在国家机关、事业单位以及国有企业，在薪资待遇上有着高薪、高福利的预期。此外是否有利于个人进一步的发展也是研究生择业时非常重要的考量因素。这些表现无不凸显出研究生就业的功利化倾向。

（四）个性观念独立而集体意识较弱

素质教育给研究生的个性发展提供了丰厚的条件和良好的生长点，越来越多的研究生思想成熟而独立，个性鲜明且突出，对新事物、新思想有着较高的接纳度和包容度，他们强调自我意识、关注自我需求，以自我为中心。这样的个性特征，往往会导致研究生忽视集体的共融，缺乏团体协作意识，缺乏责任感、荣誉感。尽管总体来说研究生的国家民族责任感较为强烈，也表达出在国家迫切需要时会挺身而出的态度，但实际行动尚不足。在就业选择中，对经济条件不够优渥、工作环境比较艰苦的职业和岗位有畏难情绪，奉献意识薄弱。

三、红色文化育人融入研究生就业指导过程的路径探索

红色文化为开展研究生就业指导工作提供了新的视角与思路，探寻红色文化融入研究生就业指导工作的内涵，研究红色文化融入研究生就业指导工作的实现路径，是当代研究生教育管理发展中的前沿课题。

（一）科学系统规划，健全红色文化育人融入就业指导工作机制

红色文化育人是系统性工程，要提高红色文化育人融入研究生就业指导工作的实效性，应健全和完善工作机制。首先，要建立系统专业的人才队伍研究机制。红色文化育人和就业指导工作都是专业化、系统化的工作，应有专门的研究中心或机构以及专业的研究和教育人才队伍，研究如何利用丰富红色文化教育素材和资源，解决研究生就业工作的现实困境。其次，要建立完善有效的反馈评估机制。有效的反馈评估，能够保障利用红色文化开展就业指导工作的完整实施。定期对融入红色文化的就业指导效果进行评估，定期对用人单位的反馈进行评估，有助于不断改进工作思路和方法，不断丰富红色文化育人指导就业的成果。最后，要建立支撑有力的保障机制。要想真正把红色文化融入就业指导，有赖于完善的保障机制，包括组织保障、制度保障和物质保障。组织保障是在党委的指导下通过总体观、系统观进行的顶层设计和规划；制度保障是明确责任部门、育人主体、教学流程等各项要求的规章制度；物质保障是开发保护就业工作中的红色文化资源和人力、物力、财力等其他资源。

（二）深化教学改革，推动红色文化育人融入就业指导课程教学体系

研究生综合素质课和就业指导课是高校对研究生进行思想教育和就业指导的主要渠道和平台，课堂教学的系统性、稳定性、科学性和针对性等特点，能够将红色文化育人与就业指导有机结合，两者相辅相成，从而使学生的理想信念与家国情怀落实到就业思维与行动中。首先要丰富教学内容。在课程教学中，将职业生涯规划教育、就业指导教育与红色文化融合起来，以革命战争年代荡气回肠的英雄事迹教育学生坚定理想信念、树立家国情怀，以社会主义革命和建设时期的劳动模范教育学生爱岗敬业、

无私奉献，以改革开放和社会主义现代化建设新时期的时代楷模教育学生将个人的价值追求与党和人民的事业紧紧联系在一起，使其成为实现中华民族伟大复兴的先锋力量，到祖国最需要的地方建功立业，坚定不移地把火热的青春书写在祖国大地上。其次要创新教学方法。例如采用专题式教学、模块教学，精准、完整地开展红色文化就业指导；又如运用信息技术手段，实现教学表达与学生需求的协同，提升红色文化融入的针对性。

（三）拓宽教育渠道，搭建红色文化育人融入就业指导工作实践平台

红色文化教育最终是要促进研究生以实际行动践行爱国主义，促进研究生树立扎根人民奉献国家的意识，促进研究生展开锤炼过硬本领、投身国家建设的行动。一方面，通过红色文化指导就业的实践平台，把知识教育和实践教育相结合，帮助研究生内化红色文化于心、外化红色精神于行。到爱国主义教育基地、革命遗址遗迹、红色实践基地，特别是基层工作单位和岗位去参观、学习、体验，让研究生在亲身经历的过程中深化对红色文化的理解和认知，激发研究生的情感共鸣。另一方面，通过红色文化指导就业的实践平台，帮助研究生积累实践经验、练就过硬本领、体验艰苦奋斗的价值。研究生要参与相关课题研究、项目服务和社会实践，在红色实践中提升专业技能、强化创新能力、提高组织管理能力等综合素质，帮助研究生成长为德才兼备的复合型人才，为其顺利就业奠定基础。

无论时代如何变迁，红色文化的影响力、号召力和教育意义是不会消失的。把红色文化与当前研究生就业指导工作结合起来，使红色文化在研究生就业指导中发挥更有力的作用，能够有效解决研究生就业中存在的问题，助力研究生成长为中国特色社会主义事业的生力军和接班人。

参考文献：

蔡嘉敏，文林波．论红色文化育人功能在毕业生就业指导中的应用［J］．长江丛刊，2019（9）：195－196．

李齐亚．研究生就业指导中的思想政治教育研究［D］．天津：天津工业大学，2015．

马丽，孟祥龙，齐春雷，等．高校红色文化教育的路径选择研究［J］．文化与传播，2014（10）：48－50．

张宇飞．新时代大学生红色教育研究［D］．西安：西安石油大学，2021．

培养与管理

“破五唯”视域下的硕士研究生复试综合评价改革探究*

许海青[1]　易宗锐[2]　刘　立[2]　代振东[2]

（1 四川大学党委巡视工作办公室　四川成都　610065；
2 四川大学研究生院　四川成都　610065）

摘　要：研究生选拔评价机制改革是着力“破五唯”、促进教育公平、推动研究生教育内涵式发展的重要举措，也是招生单位落实立德树人根本任务、实现高质量人才培养的有力保障。在现行硕士研究生招生录取制度下，改革复试考核模式，采用结构化复试，能够全面考察思想道德素质、身心健康状况、专业志趣、学业水平、专业素养、科研实践能力、创新潜质、综合素质等，构建科学的复试综合评价体系，充分发挥招生单位、导师在人才选拔中的自主权，在“阳光招生”的基础上实现“科学招生”。

关键词：硕士研究生；结构化复试；“破五唯”；综合评价

一、硕士研究生复试改革的重要意义

2020 年 7 月 29 日，全国研究生教育会议在北京召开。

---

* 本文系四川省学位与研究教育学会研究课题资助成果，课题编号：2020YB0202。

习近平总书记就研究生教育工作做出重要指示，强调研究生教育在培养创新人才、提高创新能力、服务经济社会发展、推进国家治理体系和治理能力现代化方面具有重要作用。硕士研究生考试招生是研究生教育全流程中的首要环节，直接影响研究生的培养质量，具有至关重要的作用。

李克强总理就研究生教育工作做出重要批示，指出要深化研究生培养模式改革，进一步优化考试招生制度。2020 年 9 月 22 日，教育部、国家发改委、财政部联合发布《关于加快新时代研究生教育改革发展的意见》（以下简称《意见》），要求深化考试招生制度改革，精准选拔人才，完善分类考试、综合评价、多元录取、严格监管的研究生考试招生制度体系。同年 10 月 13 日，中共中央、国务院印发了《深化新时代教育评价改革总体方案》（以下简称《总体方案》），要求坚决克服唯分数、唯升学、唯文凭、唯论文、唯帽子的顽瘴痼疾，深化研究生考试招生改革，加强科研创新能力和实践能力考查。当前，深化研究生考试招生改革、推动实施向综合评价转型，是贯彻全国研究生教育会议精神、落实《意见》和《总体方案》具体要求的重要环节，也是招生单位落实立德树人根本任务、满足学科特色建设与发展需要、发挥学术自主权、实现“科学招生”的有效途径。

目前，博士研究生招生工作均由招生单位自主进行，普遍采用“申请-考核”制，以材料评审代替初试笔试，按照一定的差额比例择优进入复试环节，能够较全面地考察评价申请者的综合能力，选拔出满足学科发展需要的创新人才。而硕士研究生招生除推荐免试外，均通过普通招考的方式，由初试和复试两个阶段构成，按照初试成绩与复试成绩的加权总成绩从高到低依次录取。初试方式为闭卷笔试，科目包括全国统一命题科目和自命题科目，主要考察专业基础知识；复试由招生单位自行组织，一般包含笔试和面试，主要考察专业素养、培养潜质、综合素质等。

该制度存在模式僵化、评价体系不健全、评价标准不统一、复试流于形式等问题，不能全面科学地评价考生，难以破除“唯分数”论。因此，在现行招生制度下，按照循序渐进的原则，推动硕士研究生复试向综合评价转型，是硕士研究生考试招生改革值得探索的方向和路径。

二、我国硕士研究生考试招生制度的发展历程与现状

自新中国成立以来，硕士研究生考试招生制度随着经济社会的发展而不断调整更新，一套符合国情、较为公平科学的制度体系逐步建立并不断完善，为我国社会主义建设选拔了一大批优秀的建设者和接班人。了解硕士研究生考试招生制度的发展历程，把握其逻辑规律和发展方向，对推动研究生考试招生制度改革具有重要参考价值。

（一）我国硕士研究生考试招生制度的发展历程

我国硕士研究生考试招生制度先后经历了模仿期、初建期、改革探索期、招考分离试点期和深化改革期（梁传杰、丁一杰，2021）。1949—1977 年的模仿期，研究生教育模仿苏联模式，形成了“推荐免试+政审”的招生模式。“文革”期间，研究生招生中断。1978—1984 年的初建期，恢复研究生招生，由国家统一下达招生计划，考生参与全国统一考试进行选拔。在此期间，复试一直处于时有时无的变动中，直至 1983 年教育部要求全面实行复试。1985—1999 年的改革探索期，开始试行推荐优秀应届本科毕业生免试攻读硕士学位，将招生对象分为学术型和专业型，初试加复试的两阶段招生模式正式确立。2000—2008 年的招考分离试点期，逐步探索硕士研究生考试与招生分离，先后实行了法律硕士联考、管理类联考、少数民族高层次骨干人才专项等改革，2003 年批准 34 所高校自主划定硕士研究生初试合格分数线。2009 年至今的深化改革期，专业学位研究生教育得到大

力发展，开始招收全日制专业学位硕士研究生，其招生规模迅速扩大并超越学术型硕士研究生，2017 年全日制与非全日制硕士研究生考试招生并轨、统一政策和标准。

（二）我国硕士研究生考试招生制度的现状

当前，硕士研究生报考人数迅猛增长，2022 年报考人数已达 457 万，较 2021 年增加了 80 万。面临持续扩大的报考规模和新冠疫情常态化防控的挑战，现行的招生模式在“程序正义”的背景下，存在科学性不足的问题。初试统一笔试存在一定的局限性（孔一斐、高明国，2020），全国统考科目出现偏题怪题以拉开分数差距等现象，自命题科目侧重考察专业基础知识，对知识点的简单记忆考察占比较大，对知识点的灵活运用考察较少。

复试由招生单位自行组织，通常包含专业方向笔试和综合面试，承担着全面考察考生的重要职能。但是，复试笔试容易出现与初试区别度不高或者偏于单一研究方向等问题，面试时间较短且缺乏科学合理的考察体系和统一的评价标准，难以充分考察考生的专业素养、创新能力和实践能力。尤其在新冠疫情防控常态化的环境下，招生单位无法组织考生到校进行复试笔试，仅通过短时间的线上网络面试完成复试考核，以面试成绩作为复试成绩（李荪青，2021）。在此情况下，有些招生单位为了体现招生录取工作的公平性，降低了复试成绩在总成绩中的占比，以“更过硬”的初试成绩为主，导致复试流于形式。

三、硕士研究生结构化复试综合评价体系设计

参照教师资格考试、公务员选拔的结构化面试模式（夏松竹、孙建国，2020），高校应设计硕士研究生结构化复试综合评价体系，统一考察内容、考察方式、实施程序和评价标准，实现对考生的综合评价。

（一）结构化复试综合评价体系设计原则

指引性原则。硕士研究生选拔评价机制是本科教育的风向标之一，通过综合评价方式来选拔优秀人才继续深造，有利于广大考生抛弃题海战术，更加注重对知识的熟练掌握与灵活运用，提升综合素质；同时引导高校构建与之相适应的本科生培养体系，从德、智、体、美、劳全方位提升学生的综合竞争力。

科学性原则。综合评价要遵循高层次人才培养的内在规律，制定全面、科学的考核内容，建立顺畅、合理的实施路径，明确统一、详细的评价标准，对考生进行全面科学的考察，避免主观因素的影响，客观公正地给出评价结果。

分层分类原则。充分考虑硕士研究生招生的学位类型和学科特色，兼顾共性与个性，制定相对独立的各级评价指标，合理分类二级、三级评价指标，按照逻辑关系设计一级指标，构建分层分类的评价体系。

易操作性原则。坚持实事求是、客观公正，各项评价指标的内涵要清楚明确，杜绝抽象性的描述，便于考生与考官理解执行，各项支撑材料便于收集、对比。同时，各评价指标的权重可根据需要进行调整。

（二）结构化复试综合评价体系构成

遵循以上设计原则，为落实党和国家对高层次人才培养的定位与要求，结合招生单位复试考察内容，我们构建了资格条件、能力水平、参考因素三个一级指标，设计完善相应的二级、三级评价指标，形成硕士研究生结构化复试综合评价体系（见图 1）。

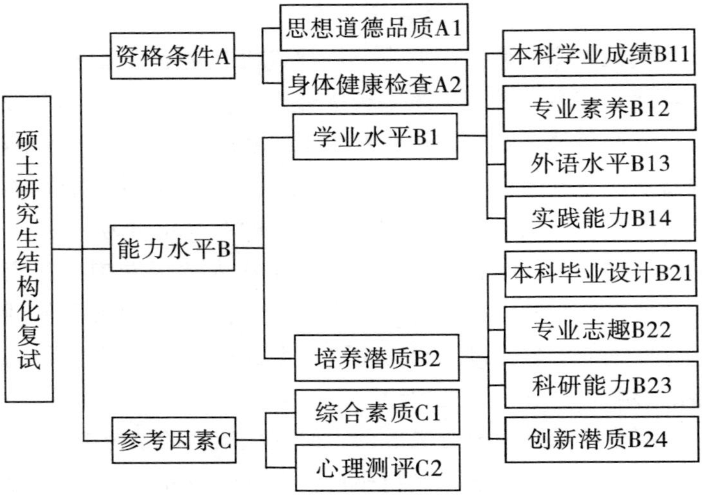

图 1　硕士研究生结构化复试综合评价体系

第一，资格条件包含思想道德品质和身体健康检查，实行一票否决制，考察不合格者不予录取。

思想道德品质。中国特色社会主义教育事业以立德树人为根本任务，坚持为党育人，为国育才，培养德智体美劳全面发展的社会主义建设者和接班人（张文勇，2018）。思想政治素质和品德是保障研究生培养质量的重要因素，招生单位在“函调”的基础上，应组织相关部门和导师联合考察考生的政治态度、思想表现、道德品质、遵纪守法、诚实守信等方面。

身体健康检查。招生单位依托二级甲等及以上医院开展复试体检，按照《普通高等学校招生体检工作指导意见》要求，核查考生的体检结果，以保障其能顺利完成学业。

第二，能力水平包括学业水平和培养潜质，是复试考察的重点和竞争性指标，直接决定复试成绩。

学业水平主要考察考生既有的学习成果，是进入研究生阶段学习的基础，考察内容包括本科学业成绩、专业素养、外语水平、实践能力等。

本科学业成绩及绩点排名是考生本科阶段学习情况的客观体现，反映出考生的学习态度和学习能力，对研究生阶段的学业成绩具有一定的预测性，也是较为可靠的指标来源。招生单位在评价应用时需考虑考生所在高校和学科的建设水平，使其评价结果更具参考性。同时，引入本科学业成绩有利于引导考生更加注重本科学业学习，避免将精力全部投入考研准备，同时有助于本科高校维持正常的教学秩序，并在硕士研究生复试评价中发挥作用。

专业素养是考生继续深造的理论基础和能力保障，扎实的理论积累、完整的知识体系、过硬的专业技能、执着的专业精神，有助于考生尽快进入研究生阶段的学业学习和学术研究。招生单位通过笔试、面试问答等形式，考察考生对理论知识的理解掌握和灵活应用理论知识解决实际问题的能力，避免考生对知识点的简单记忆。

外语水平的考察可以参考考生已经取得的四六级、雅思、托福等成绩，以独立对话、分组讨论等形式，加强对口语听说能力和对阅读外文专业文献能力的测试，侧重考察外语应用能力。

实践能力是学术研究的必备技能，尤其对专业学位的考生而言不可或缺。不同学科对实践能力的要求也不同，主要包括理工医科的实验操作能力和人文社科的社会实践能力。招生单位通过设定一定的场景，从考生的实践方案设计、动手操作、数据收集与分析、理论应用与推导等方面进行考察。

培养潜质主要考察考生继续进行理论探索和学术研究的潜力，考察内容包括本科毕业设计、专业志趣、科研能力、创新潜质等。

本科毕业设计是考生理论知识储备和逻辑思维能力的集中体

现。招生单位组织导师与考生深入交流本科毕业设计的结构与内容，以学术研讨的形式考察考生的知识体系及其应用能力、逻辑思维能力、创新意识和语言表达能力。同时有助于导师加深对考生的了解，为师生关系的建立打下基础。

专业志趣是考生坚持学术研究的动力，主要考察考生对专业的志向和兴趣，能否保持相对稳定、持久的投入，是否了解专业发展的前沿动态等。另一方面，专业志趣还包括考生的家庭成员、工作单位、经济状况等对其完成研究生学业的支持度。

科研能力主要体现为逻辑思维能力、理论应用能力、实践能力、创新能力等。招生单位组织导师对考生的科研经历、已发表学术论文、获奖项目、申请专利等进行客观公正的评价，以数量、等级进行定量评分，以深入研讨交流、当面快速问答进行定性评分。

创新潜质的考察一方面体现在对既有成果的深挖细追中，另一方面需要招生单位单独组织对创新精神、创新意识和创新能力的考察。招生单位可以要求考生提供硕士研究生阶段的科研规划，还可以设定开放性问题引导考生运用多种方式创新性地予以解决。

第三，参考因素包括综合素质、心理测评等，是硕士研究生录取的重要参考。

参照高考招生录取改革，将综合素质纳入综合评价，其考察内容包含但不限于科学精神、人文素养、文艺修养、体育运动、人际交往能力、团队协作能力、社会实践、学生活动、公益服务等。

心理测评能够使招生单位和导师掌握考生的性格特点和心理健康状况。近年来，研究生心理健康问题越发凸显（吴意芬，2020），通过心理测评能够发现倾向性心理问题并及时予以疏导，将已存在心理疾病的学生及时送医。

四、结语

硕士研究生考试招生制度改革是落实立德树人根本任务、着力“破五唯”和推动研究生教育内涵式发展的必然需要，结构化复试综合评价改革只是硕士研究生考试招生制度改革的局部探索，仍需从全局持续深化改革，进一步探索更加科学的招生录取模式。

参考文献：

梁传杰，丁一杰．我国硕士研究生招生制度：演变轨迹与演进逻辑 [J]．研究生教育研究，2021（4）：59－65.

孔一斐，高明国．地方高校硕士研究生复试评价体系的改革与探索 [J]．创新创业理论研究与实践，2020，3（24）：75－77.

李荪青．基于创新人才选拔的硕士研究生入学考试公正性与科学性问题研究 [J]．科教文汇，2021（29）：20－22.

夏松竹，孙建国．结构化面试方法在研究生复试中的应用 [J]．计算机教育，2020（5）：53－56.

张文勇．二级学院视域下高校全员化立德树人的目标体系、路径及实践研究 [J]．中原工学院学报，2018，29（5）：39－44.

吴意芬．高校研究生心理健康状况与应对策略分析 [J]．中共济南市委党校学报，2020（4）：57－62.

高校党政管理岗位教师学术研究能力评价及提升路径研究*

韦足梅[1]　韦李娜[2]

（1 四川大学外国语学院　四川成都　610000；
2 四川天府新区第四小学　四川成都　610000）

摘　要：高校党政管理岗位教师是高校教师队伍的重要组成部分。以科研作为基本职能之一的高校，其科研能力与党政管理岗位教师的学术研究能力密切相关。不断提升其学术研究能力，不仅要结合党政管理岗位的特殊性，构建以“教师为本，教师发展”为指导思想，从评价方法、评价标准、评价过程、成果转化以及科研激励等维度入手，建立符合其特性的评价制度。教师应变革科研价值观念体系，构建终身科研能力系统，凝心聚力，组建持续合作的学术科研团队。学校应合理分配科研资源，提供科研保障，为党政管理岗位教师学术研究能力的提升奠定牢固的基础。

关键词：高校；党政管理岗位教师；学术研究能力；评价制度；提升路径

---

* 本文为四川大学党政服务管理项目阶段性成果，项目名称：高校党政管理岗位教师学术研究能力评价及提升路径研究，项目编号：2021DZYJ－03。

一、引言

2015年，国务院印发《统筹推进世界一流大学和一流学科建设总体方案》（简称《总体方案》），提出“双一流”建设目标。想要统筹推进“双一流”建设，高校除了要建设一流师资队伍、培养拔尖创新人才外，还应提升科学研究水平。《总体方案》指出要以国家重大需求为导向，提升高水平科学研究能力，为经济社会发展和国家战略实施做出重要贡献。高校党政管理岗位教师是高校教师队伍的组成部分，在学校改革发展中发挥着重要作用，提升其学术研究能力是提升高校科学研究水平的重要一环，也是其职业的内在要求，管理岗位教师做到懂科研、会科研，才能有效追踪学术前沿，有效进行党政管理，真正落实岗位服务，通过科研强化对教育的理解与把握，真正实现科学管理、规范管理与高效管理；高校党政管理岗位教师具备学术研究能力是思想政治教育科学化的重要保证，实现党政管理的科学化需要将学术研究与实际工作相结合，通过科学研究揭示、掌握和运用思想政治教育规律，增强教育效果、工作效率和社会效益；提升高校党政管理岗位教师学术研究能力也是提升其综合素质与专业素养的重要途径。高校党政管理岗位教师的学术研究能力的发展及其评价制度紧密相关。

二、高校管理岗位教师学术研究能力评价

目前，高校对学术研究能力的评价主要采用成果计算、引用分析、科研经费评价以及同行评价等方法，并且定量评价，导致出现文章水平不高、为发文章而发文章的现象。除此之外，有些高校以论文、著作及科研项目等作为评价标准，未考虑到高校学科发展与学术研究具有长期性、创新性、探索性等特征，可能导致教师对科研的反感，不利于其学术能力的发展。高校管理岗位

教师虽是教师队伍中的一员，但与教学岗位教师存在差异，因此对其进行学术研究能力评价时，应以“教师为本，教师发展”为指导思想，从评价方法、评价标准、评价过程、成果转化以及科研激励等维度着手，在评价体系中应体现系统性、科学性、差异性、客观性等。

（一）学术研究能力评价的指导思想

对高校管理岗位教师学术能力进行评价时，应以“教师为本，教师发展”为指导思想。将教师全面发展放到首位，充分尊重管理岗位教师的特殊性，不断为其营造相对宽松的学术氛围，强调其学术研究的个性和创造性，让管理岗位教师在良好的学术氛围中进行学术科研，同时也能履行其岗位职责，为学校服务，实现自身的全面发展和综合素质的提升，更好地为学校的科研能力的提升服务。

（二）学术研究能力评价制度

评价管理岗位教师的学术研究能力，应从评价方法、评价标准、评价过程、成果转化以及科研激励等维度入手，建立符合其特点的评价制度。应以科研绩效提升为目标，以定量与定性为衡量。在进行学术研究能力评价时，应将其学术能力与科研绩效挂钩，不能只从数量出发而不考虑质量，以免使管理岗位教师陷入“一味追求速度，不求质量，见刊就发”的学术怪圈，导致整体学术质量下滑，进而影响学校整体的科研水平。因此，高校科研管理人员在选用评价方法时，应进行综合考量，充分发挥专家、学术委员会和同行评议的积极作用，实现质量评价和数量评价的有机结合。

制定高校管理岗位教师学术研究能力评价标准，应遵循系统性、科学性、差异性、客观性等基本原则。应遵循系统思想，制定既能反映管理岗位教师的学术能力，又能反映学校学术能力整体情况的评价标准；考虑不同研究领域以及教师岗位的差异，设定多元评价标准；评价时加强人文关怀，注重科研活动自身的规律性，从而实现对管理岗位教师学术研究能力的科学评价；在评价过程中，应力求做到开放、透明、公平公正，科研绩效评价情况应及时向全校师生和管理部门公布，这样既能让学校全体师生知情，又能让全体师生进行有效监督，避免因有失公允的评价过程或者不公正地对待评价结果所带来的不良影响，进而在管理岗位教师中树立良好的学术信誉。

《总体方案》指出，一流大学与一流学科的建设应着力推进成果转化。因此，在对管理岗位教师学术研究能力进行评价时，应突出成果转化。在进行成果转化评价时，可根据学术成果转化率、科研开发产投比、促进学校发展的贡献这三项指标进行综合考察，因为管理岗位教师的学术成果最终是为学校发展服务，只有将其成果进行有效的转化，才能更好地服务学校。

除此之外，高校党政管理岗位教师的学术研究能力也受到动机以及科研绩效考评的影响，因此在评价时，应完善奖惩机制，充分尊重教师的科研劳动成果，体现实事求是、按劳分配原则，从物质和精神角度使教师的劳动得到应有的报酬，使其劳动价值为学校和社会所认可，以个人价值的实现以及物质激励强化其学术动机。同时，也要杜绝违反学术道德的行为，建立惩罚机制，根据实际情况对违反者给予通报批评、撤职处分等行政处罚，防止其触碰红线，营造良好的科研氛围。

三、学术能力提升路径

建立健全针对高校党政管理岗位教师的评价制度，是提升其学术能力的基石。学术能力的提升与教师个人、教师群体以及学校息息相关。目前，党政管理岗位教师因工作繁忙导致学术意识淡薄，即使投入科研，也因独立思考判断能力不足，难以形成明确的职业规划，在进行科研时容易盲目跟风，什么热写什么方面的文章，不对某一研究方向进行持续追踪，难以进行深入研究。想要提升他们的学术能力，首先需要教师自身努力，强化科研意识，其次需要教师群体相互合作，构建科研团队，还需要学校层面为其提供科研保障，合理分配资源。

（一）教师个人：变革科研价值观念体系，构建终身科研能力系统

首先，提升学术研究能力，需要党政管理岗位教师深刻理解高校的功能与高校教师的使命，并在此基础上建构学术研究能力的精神引领。高校是培养专门人才、发展科学知识、为社会服务的重要场所，实现高校这三大职能，需通过教学与教育、科学研究以及多种形式的社会工作。由此可知，科研是高校三大职能之一，高校的科研与其内部工作人员息息相关，党政管理岗位教师要深刻认识到这一点，将科研与管理相结合。其次，党政管理岗位教师科研会受到功利性价值追求的影响，从而影响其学术研究能力的形成，所以想要实现自我提升，其需要摒弃功利性价值追求，抵住眼前利益的诱惑，回归科研的本质，建立纯粹的科研价值信念和价值追求，做到因为喜欢而科研、在科研中获得快乐，实现自己的个人价值与社会价值。再次，重构管理与科研和谐统一的价值认知模式，实现科研对管理的补充，同时发挥管理对科研的激发功能，从而使两者相辅相成，相得益彰。除此之外，教师自身还需构建终身科研能力系统，持续更新自身的知识系统，养成长期阅读文献的习惯，让科研与生活相融合，确立终身科研的目标与行为模式，将管理领域的最新研究成果和社会各个领域的前沿情况引入工作，在为管理赋能的同时，也让自身的知识结构和能力系统不断得到更新和优化。建构终身性、长期性的学习和研究习惯是积累和沉淀知识、形成学术研究能力的基石。

（二）教师群体：构建持续合作的学术科研团队

人具有社会属性，其社会价值需要通过现实的关系状态来维

系和展现，其发展也需要各种社会关系的现实支撑。就党政管理岗位教师而言，学术科研团队的建设和持续合作，不仅能为其专业成长与发展提供动力，也能为高校整体的科研能力提升提供保障。以学术科研团队为共同体，就共同关心的主题进行交流和探讨，相互启发和引导，推进学术研究活动的开展，有助于个体突破自我局限、破除科研隔离，在相互支撑、相互激发、相互补充和共同实践、共同研究、共同分享中进行科学研究合作。学术科研团队的建设是提升教师个体学术研究能力的有效路径，也是对“结帮带”制度的传承，能够加快党政管理岗位教师进入科研领域的速度，让他们在团队既定的科研领域和科研方向上，结合自己的专业背景和工作经历，找准未来的研究方向，既能让他们在高起点开展科研，又便于明确他们在团队中的研究角色，形成团队研究合力，实现“1+1>2”的效果。

（三）学校层面：合理分配科研资源，提供科研保障

学校层面要合理分配科研资源，提供科研保障。科研保障如同养鱼水，教师科研需要具备科研条件，得到科研资源和经费支持。所以学校层面要为教师提供物质支持，合理分配科研资源，提供经费支持，从资料建设和信息建设等方面入手，搭建科研基地，为教师提供开展科研工作的硬性条件。同时，学校应出台科研相关政策，营造相对宽松的科研环境，为教师提供接受科研培训和进修的机会，汇集与党政管理岗位密切相关的专家，开设专题讲座，为其提供养料，结合当前科研开展的内容和方向、项目申报方法和技巧、科研论文写作、文献检索等予以讲解和指导，使党政管理岗位教师能尽快对科研工作有新的认识和把握。此外，学校还应鼓励其参与学术交流会议与学历提升，在会议中进行思想碰撞，得到启发，在学历提升过程中，进一步提升自身的学术研究能力。

四、总结

高校党政管理岗位教师作为高校的重要组成部分，其学术研究能力影响着整个学校的科研能力。提升其学术研究能力，不仅要制定包含多维内容的评价制度，还需要从教师自身、教师群体以及学校层面做出努力，为其学术能力的提升提供可行性路径。

参考文献：

杜鹏. 提升高校辅导员科研能力探赜 [J]. 学校党建与思想教育，2016（4）：78－80.

乔文妤，王骁. 高校青年教师科研能力现状与提升对策研究 [J]. 北京印刷学院学报，2020，28（10）：110－113.

宋嵘嵘. 高职院校青年教师科研能力培养与提升的策略探析 [J]. 职教论坛，2009（31）：23－26.

王得祥，曹翀. “双一流”背景下高校党政管理人员综合素养提升探析 [J]. 江苏科技信息，2017（34）：57－59.

博士研究生奖助体系现状及优化研究

——以四川大学为例*

吴光芬

（四川大学文学与新闻学院　四川成都　610000）

摘　要： 博士研究生奖助体系的完善是调动科研生力军学术创造力的重要举措。四川大学在构建研究生多元奖助体系方面进行了许多积极的探索，本文在获取相关资料和数据的基础上，梳理四川大学研究生奖助体系的现状，总结经验，发现问题，并有针对性地提出优化路径。

关键词： 博士研究生；奖助体系；现状；优化路径；四川大学

研究生多元奖助体系既是研究生顺利完成学业的保障，也是激发研究生创新能力的重要抓手。我国从 2014 年秋季学期开始，全面实行研究生教育收费制度。在此情况下，建立健全与之配套的研究生奖助体系就成为深化研究生教育改革的重要内容之一。党中央、国务院高度重视研究生奖助工作。目前，我国的研究生奖助政策体系基本建立健全，包括研究生国家奖学金、学业奖学金、国家助学金、国家助学贷款、“三助一辅”（助教、助研、助管、辅导员）岗位津贴、学费减免、特殊困难补助和“绿色通

---

* 本文系四川大学 2021 年“研究生思想政治理论研究课题”项目，项目编号：2021YSZ15。

时，奖助金情况也是学生考虑是否选择到四川大学读博的因素之一，优厚的奖助金可以为吸引生源提供助力（图 2）。

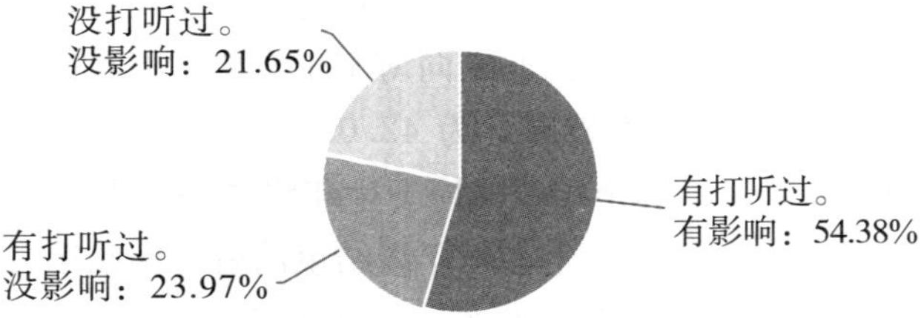

图 2　奖助金对选择读博的影响

（二）形成了多元的博士生奖助金保障体系

四川大学博士生的奖助体系多元，主要由国家奖学金、国家助学金和学校助学金、学校学业奖学金、学校助研岗位津贴、特殊困难补助、研究生专项奖助金和“绿色通道”构成，具体情况如表 1 所示。

表 1　四川大学博士生奖助体系构成情况

<table>
<tr><th colspan="2">名称及等级</th><th>金额</th><th>覆盖面</th></tr>
<tr><td colspan="2">国家奖学金</td><td>30000 元/年</td><td>以教育部当年下达指标为准</td></tr>
<tr><td colspan="2">创新奖学金</td><td>10000 元/年</td><td>不超过全日制非定向博士生总数的 5%</td></tr>
<tr><td rowspan="3">助学金（国家助学金+学校助学金）</td><td>一等</td><td rowspan="3">1500 元/月</td><td>15%</td></tr>
<tr><td>二等</td><td>70%</td></tr>
<tr><td>三等</td><td>15%</td></tr>
<tr><td rowspan="3">学校学业奖学金（补助学费）</td><td>一等</td><td rowspan="3">全额学费（上限 18000 元/年）</td><td>15%</td></tr>
<tr><td>二等</td><td>70%</td></tr>
<tr><td>三等</td><td>15%</td></tr>
</table>

续表1

名称及等级		金 额	覆盖面
学校助研岗位津贴	一等	2400 元/月	15%
	二等	1900 元/月	70%
	三等	1400 元/月	15%
学校助教岗位津贴		400～1600 元/月	
学校助管岗位津贴		14～16 元/小时	
国家助学贷款		学费	符合条件均可申请
兼职辅导员岗位津贴		2500 元/月	符合条件均可申请
特殊困难补助			符合条件均可申请
研究生专项奖助金			符合条件均可申请
“绿色通道”		学费	符合条件均可申请

除上述奖助金外，有的导师也会用课题或项目经费为博士生发放一定数额的补贴和酬劳。在问卷中，以“学校奖助金”为唯一收入来源的博士生占比为 23.97%，收入来源仅有“学校奖助金”和“导师经费支持”的占比 12.89%。在调查问卷中对“收入来源”进行不定项选择并排序时，“学校奖助金”的分值也最高，且远高于其他选项。可见，“学校奖助金”在博士生的收入来源中占据重要位置，是博士生重要的收入来源（图 3）。

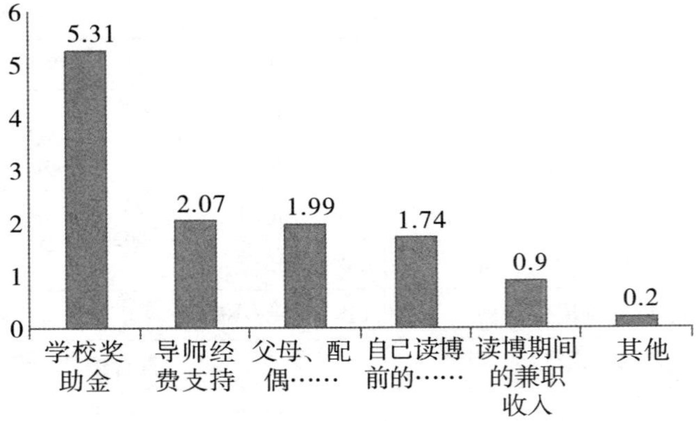

图 3　博士生的收入来源（按排序计算平均综合得分）①

根据问卷结果，四川大学博士生月支出在 3000 元以下的占 63.4%，月支出在 3000～4000 元的占 21.65%。获得三等、二等和一等奖助金的博士生每个月分别可以获得 2900 元、3400 元和 3900 元的助学金和助研岗位津贴。由此可见，对大部分博士生而言，学校所发的奖助金可以基本保障其每月基本生活所需（图 4）。

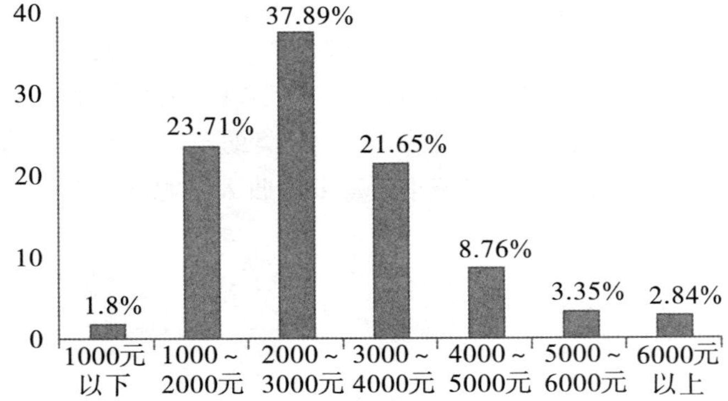

图 4　博士生每月总体支出情况

① 本题共 6 个选项，排序位次依据 6、5、4、3、2、1 赋值。

此外，学校还设立了各种专项补助，如“冬衣补助”、“助爱回家”路费补贴、“困难师生员工帮扶基金”以及发生水灾、地震等自然灾害时的专项补贴，以帮助学生及其家庭应对各种情况可能带来的经济困难，体现出学校和学院对学生的关爱和关怀。此外，企事业单位、社会团体或个人还在学校或学院设立了研究生专项奖助金。如果个人或家庭遭遇疾病或重大变故，学校和学院还可以通过专项补贴及时给予帮助。这些都为博士生顺利完成学业提供了基本保障。

（三）举办与奖助学金相关的活动，对学生进行宣传引导

习近平总书记在全国高校思想政治工作会议上的重要讲话中强调，高校要坚持把立德树人作为中心环节，把思想政治工作贯穿教育教学全过程，实现全程育人、全方位育人。奖助体系既是解决学生实际问题的方式，也是高校做好思想政治教育工作的重要渠道和有效途径。《四川大学研究生奖助体系实施方案》中对奖助学金获得者的总体要求是：有良好的思想品德和学术道德、优良的学业成绩和综合表现。热爱社会主义祖国，拥护中国共产党的领导；遵守宪法和法律，遵守学校规章制度；诚实守信，道德品质优良，积极参加社会公益活动；学习成绩优良，有较强的科研能力。这个要求涉及对研究生的全面考察，是一个指导性的意见。在学校的实施方案之下，是各个学院根据自身学科特征和学生特点而制定的评选细则。从目前来看，各学院的评选细则存在较大差异，在对学习成绩、科研能力和综合评价进行考察时，每个部分所占比重和计算方法各不相同。

与奖助金评选相对应，学校还举办了不少配套的学生活动。学校每年举办“学术之星”评选活动，并对获奖学生的事迹进行广泛宣传，激励全体学生向这些同学学习，潜心钻研。学校每年开展“助学·筑梦·铸人”主题宣传教育活动，面向对国家资助政策及具体工作有了解、有感受的大学生、教师和助学领域工作

人员等开展征文比赛、视频大赛和图片大赛，并评选出“自强之星”，引导学生常怀感恩之心。学校每年开展“诚信教育宣传月系列活动”，如“诚信”主题海报展示活动、“诚信”主题文创作品征集评选展示、“如何维护和对待人生的第一笔信用”故事征集分享和“弘扬科学家精神，争做新时代优秀研究生”主题征文等，引导和教育学生诚信学术、诚信做人。

从《四川大学研究生奖助体系实施方案》以及学校举办的学生活动中可以看出，学校注重的是对学生综合素质的培养，不仅注重学生学习和科研能力的培养，也注重对学生的思想引领，引导学生在思想品德、学术道德、志愿活动等各个方面全面发展。

二、四川大学博士生奖助体系中存在的问题

虽然四川大学一直在不断调研和完善研究生奖助体系，也取得了一些成效，但还存在一些问题，课题组将其主要归纳为以下三个方面。

（一）博士生对学校奖助体系的认知有待提高

在回答“你对学校的奖助体系了解吗?”这个问题时，51.8%的博士生的了解程度为“一般”，占比最高。另有14.69%和5.15%的人分别选择了“比较了解”和“非常了解”。这说明大多数博士生对学校的奖助体系的了解程度较低（图5）。

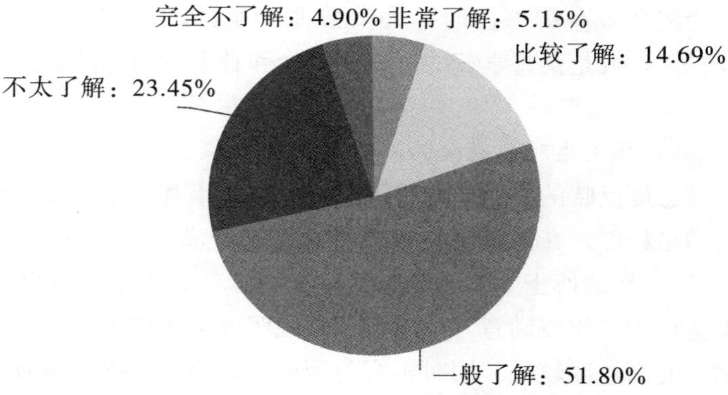

图 5　博士生对奖助体系的了解程度

从博士生对学校奖助体系的主要内容的认知情况来看，博士生对学校奖助体系内容的认知程度不高。即便是被最多选择的“学校助学金”这一选项，比例也只有85.31%，并未达到100%（图6）。

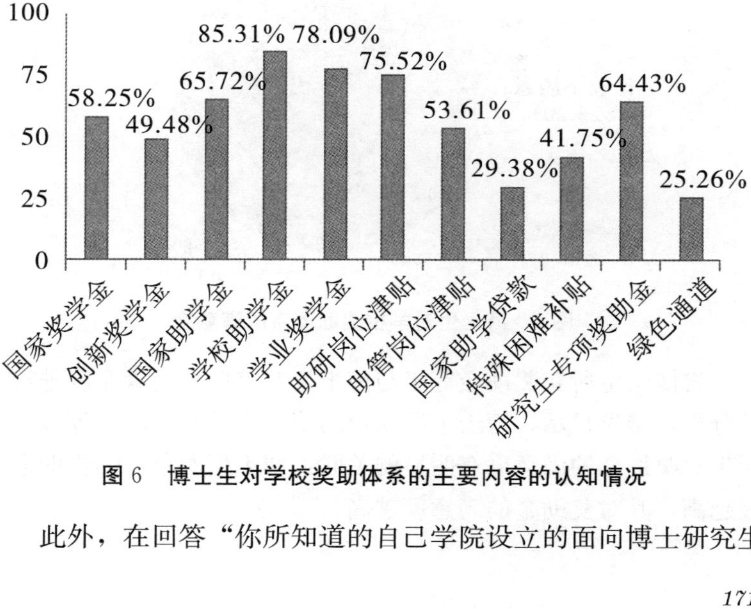

图 6　博士生对学校奖助体系的主要内容的认知情况

此外，在回答“你所知道的自己学院设立的面向博士研究生的社会奖助金有哪些”时，大多数博士生的回答是“不知道”“不清楚”，或是误将学校的一些奖助金和补助视为学院的社会奖助金。

（二）博士生对奖助金的满意度较弱。

满意度反映的是目前的奖助学金对博士生基本生活及科研所需的满足程度。在回答“你对自己的奖助金满意吗?”这个问题时，43.04%的博士生的满意度为“一般”，而只有不到20%的博士生认为“比较满意（及以上）”，说明近半数博士生对学校的奖助金的满意度较低。同时不容忽视的是，有13.92%的博士生态度为“非常不满意”、23.20%的博士生“比较不满意”。可见，目前总体而言博士生对学校的奖助金体系满意度较低，仍需进一步加强奖助力度（图7）。

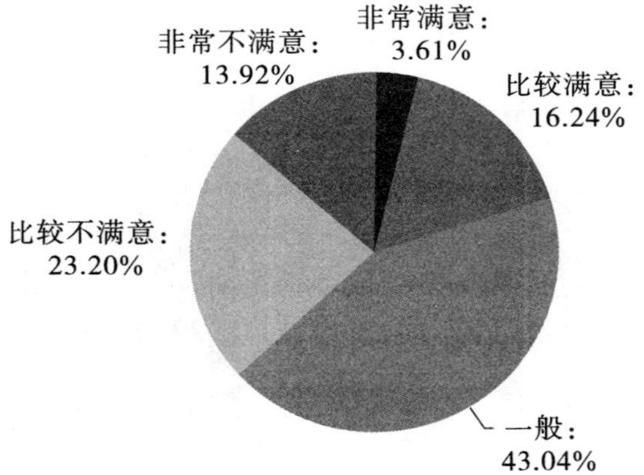

图7　博士生对学校奖助体系的满意度

将博士生所获奖助金等级与博士生对奖助金的满意度进行交叉分析，结果显示，博士生所获得的第一次学业奖助金等级与博士生对奖助金的满意度有明显的关联：博士生所获得的奖助金等级越高，其对奖助金的满意度越高（图8）。

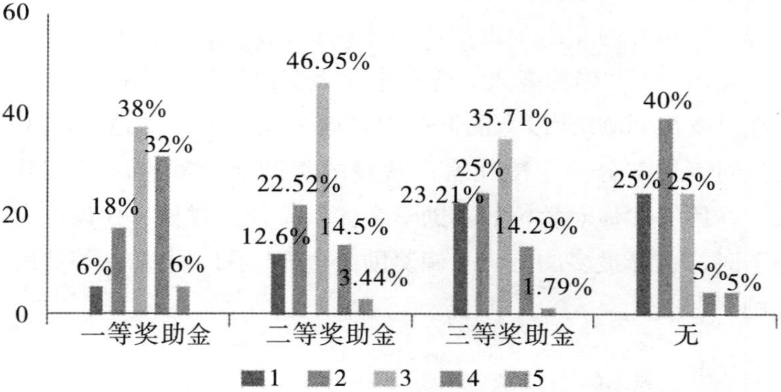

图 8　博士生对学校奖助体系的满意度与所获奖助金等级的交叉分析①

课题组认为，造成博士生对奖助金满意度较低的原因是多方面的。首先，虽然学校的奖助体系看似多元，但由于博士生将大量时间用于完成课程学习、学术交流、学术论文发表和毕业论文撰写等学习和科研任务，因此，虽然学校设立了助教、助管和兼职辅导员等岗位，但这些岗位大多由硕士生申请和担任，较少有博士生申请。国家奖学金虽然奖金高，但名额有限。因此，对于大部分博士生而言，助学金、“学业奖学金”和“助研岗位津贴”是其奖助金的主要来源。其中，绝大多数博士生将“学业奖学金”用于补助全额学费，因此，博士生申请国家助学贷款的也比较少。大部分博士生可以用于日常支出的就是助学金和“助研岗位津贴”，这部分收入可以保障博士生的个人基本生活所需。但是，博士生还有购买专业书籍和参加学术会议等学习支出，不少人还有谈恋爱和社会交往等支出，还有人面临赡养老人、养育小

① 四川大学自 2021 年 7 月起，“学业奖学金”和“助研岗位津贴”实现全覆盖。2021 年 7 月之前，一等、二等和三等奖助金的比例分别为 15%、70%和 10%，另有 5%的博士生没有奖助金。

孩等家庭支出。根据问卷结果，学习支出、家庭支出及其他支出在博士生每月的支出中也都占不小的比例。在所有问卷结果中，日常支出中有“赡养老人、养育小孩等支出”的占比达52.84%；而在月支出4000元以上的群体中，这一比例更是高达74.14%。所以对于这部分博士生而言，学校的奖助金金额难以满足其需求。在回答“你对学校的奖助学金体系有什么意见、建议或者期待”时，选择最多的是“上调奖助金金额”和“增加一等奖助金比例”（图9）。

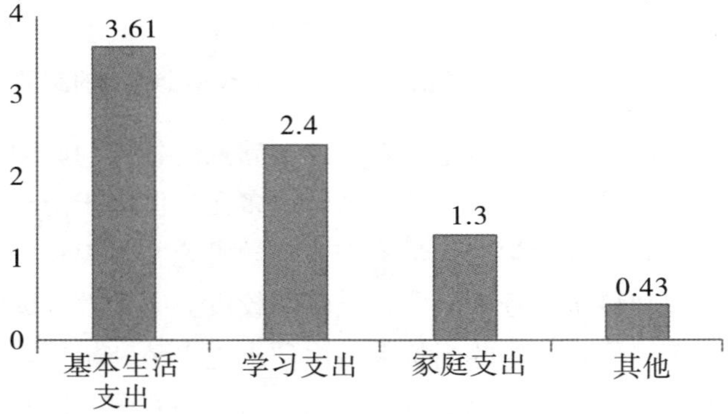

图9　博士生日常支出的构成情况（按排序计算平均综合得分）①

此外，还有一个群体也对奖助金有所期待，就是延期毕业的博士生。考虑到博士生的实际情况，四川大学自2021级博士生开始实行四年制，意味着从2021级开始，博士生可以享受四年的奖助金待遇，这有助于缓解博士生的毕业压力和经济压力，符合绝大多数博士生的意愿（图10）。但对于仍然实行三年制的其他年级博士生（尤其是2020级博士生）而言，一旦延期毕业，就同时面临巨大的毕业压力和不再有学校奖助金的经济压力。因

① 本题共4个选项，排序位次依据4、3、2、1赋值。

此，在回答“对学校的奖助学金体系的建议”时，也有不少博士生建议对延期年级的博士生给予生活补贴。

（三）奖助体系对学生的思想引领作用有待加强。

如前所述，《四川大学研究生奖助体系实施方案》中对奖助学金获得者的总体要求是综合性的，包括思想品德、学术道德、学习、科研和综合表现等各个方面。学校也举办了不少与奖助金相关的学生活动。但这些都是导向性的，由于博士生大都面临较大的科研压力，事实上并没有时间和精力去参加志愿活动及其他学生活动。即便博士生愿意参加志愿活动，也缺乏机会去做那些能够发挥博士生特长的、让他们有满足感的志愿活动。

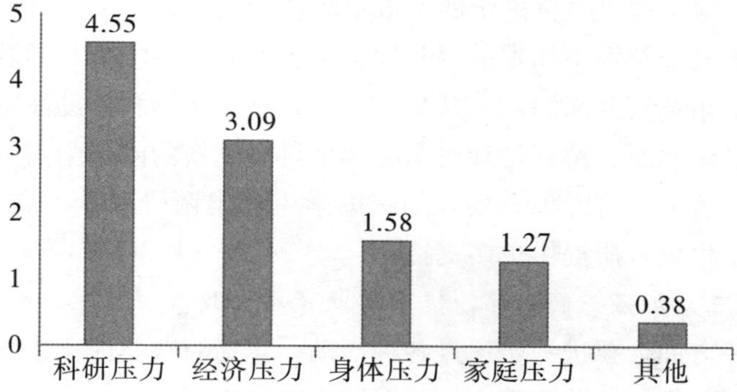

图 10　博士生的压力来源（按排序计算平均综合得分）①

三、四川大学博士生奖助体系的优化路径

针对四川大学博士生奖助体系中存在的问题，课题组认为可以从以下三个方面加以优化。

① 本题共 5 个选项，排序位次依据 5、4、3、2、1 赋值。

（一）加大对奖助体系的宣传力度，提升学生对奖助体系的认知

针对博士生对学校奖助体系了解不够的情况，学校和学院可以通过编写专门的宣传册和由辅导员进行专题宣讲等形式，面向全体博士生进行宣讲，以增加博士生对奖助体系的认知。宣传的内容既包括奖助体系的构成、金额等，也包括具体的评选细则、申请条件及申请途径等。在时间上，这种宣讲最好能在博士生入学时就进行，以便博士生能够尽早确立自身的努力方向，有足够的时间向着目标努力，做好相应准备。

（二）不断拓宽奖助来源，为学生科研提供更多支持

在保证博士生奖助金的发放落到实处的基础之上，针对博士生的奖助金类别不如本科生和硕士生多的问题，学校和学院可以进一步拓宽资金来源，尤其是引导社会资源奖励和资助注重向博士生群体倾斜。特别是针对影响学生科研创新的问题中需要经费支持的事项实行专项资助，如资助学生外出调研和学术交流等，为博士生做科研提供更多支持。

（三）加强正面引导，提升奖助育人成效

一方面，要进一步通过各种活动，包括对获奖博士生的榜样宣传和组织经验分享等，加强对博士生的正面引导，引导博士生专心科研、苦练本领，诚信学术、诚信做人，心怀感恩、回报社会。另一方面，为博士生全面发展提供更多渠道和机会，例如为博士生提供更多能够充分发挥其特长的志愿活动项目。

参考文献：

李泽芳，姚飞. 完善研究生奖助体系的探索与思考——以清华大学为例[J]. 学位与研究生教育，2020（10）：28－33.

孟庆瑜，李海洋. 地方高校研究生奖助育人工作的现状检视与模式改进——以河北大学为例[J]. 学位与研究生教育，2020（10）：34－40.

汤嘉琛. 博士生的体面生活关乎科研未来［N］. 光明日报，2013－8－6（2）.
王梅. 新中国成立 70 年来研究生奖助政策的变迁逻辑与优化选择——基于历史制度主义的视角［J］. 中国高教研究，2020（1）：20－26.

博士生奖助体系构成及问题分析

——以四川大学为例

徐　婷

（四川大学研究生院　四川成都　610065）

摘　要：在研究生培养机制改革的大背景下，本文通过对四川大学博士生奖助体系的构成进行分析，指出博士生奖助体系中存在的现实问题，并提出解决这些问题的建议。

关键词：博士生；奖助金；问题；对策

随着研究生培养机制改革的持续发展，我国博士生奖助金体系逐渐完善。2007 年，全国 17 所试点高校推行研究生培养机制改革，取消公费和自费，构建新型研究生奖助金制度，提高研究生培养质量。2014 年秋季学期起，按照“新生新办法、老生老办法”的原则，各高校全面实行研究生教育收费制度。

2020 年，《教育部 国家发展改革委 财政部关于加快新时代研究生教育改革发展的意见》明确指出需要完善研究生教育投入体系，加大博士研究生教育投入力度，改革完善资助体系，激发研究生学习积极性。

在此背景下，各高校积极开展研究生培养机制改革，构建符合国家政策和本校实际情况的研究生奖助体系。博士生是研究生的重要组成部分，是高校科研的主力军。如何完善博士生奖助金体系，激发博士生科研的积极主动性，提高博士生培养质量等，都是需要思考的重要课题。

一、四川大学博士生奖助体系的构成

2007年，四川大学成为研究生培养机制改革首批入选高校之一，从2007级开始试行新奖助金制度。经过多年努力，四川大学构建了包括国家奖助金和学校奖助金两部分的资助体系。国家奖助金包括国家奖学金和国家助学金，学校奖助金包括学校学业奖学金、学校助学金和学校“三助”岗位津贴。

（一）国家助学金

国家助学金是我国博士生资助的基本构成部分，面向所有符合基本要求的全日制非定向在校博士生，具有普遍性和共同性，确保博士生准时、足额领取最基本的生活保障，不必为日常生活费用担忧。

我国博士生基本助学金标准随着经济发展而不断提升，1996年，博士生基本资助档次为240元/月、260元/月、280元/月。2009年，博士生资助标准提升为1000元/月，上下可以浮动200元/月（张立迁，2012）。2013年7月，博士生资助标准不低于10000元/生/年，中央部门所属高校博士生资助标准为12000元/生/年。《财政部教育部关于进一步提高博士生国家助学金资助标准的通知》（财科教［2017］5号文）规定，从2017年春季学期起，提高全国研究生招生计划内的全日制博士生（有工资收入的除外）国家助学金资助标准，其中中央高校博士生从每生每年12000元提高到15000元。

目前，四川大学博士生国家助学金按照15000元/生/年的标准执行，这是博士生的基本生活保障。所有符合条件的博士生均可自动获得这一国家资助，无须评定，通过入学审核后由学校按月发放国家助学金。

（二）国家奖学金

研究生国家奖学金是用于奖励普通高等学校中表现优异的全日制研究生。2012 年 9 月 1 日起，教育部设置国家奖学金，每年奖励 4.5 万名在读研究生，其中博士生 1 万名，博士生国家奖学金奖励标准为 3 万元/生/年。

四川大学国家奖学金指标以教育部当年下达指标为准，在每年 9 月份开始全校评定，选拔出德智体美劳全面发展的博士生，并为获奖学生发放足额奖学金。国家奖学金能够有效激励在校博士生积极投身科研，提高学习和科研的积极性，以更大的热情投入日常学习。

（三）学校学业奖学金

研究生培养机制改革后，各高校对所有全日制博士生收取学费，并通过奖学金资助学生完成学业。

2013 年 8 月，财政部、教育部印发《研究生学业奖学金管理暂行办法》，从 2014 年秋季学期开始，设立研究生学业奖学金。中央财政对部署高校按博士生 10000 元/生/年、硕士生 6000 元/生/年的标准及在校生人数的一定比例给予支持。

四川大学学业奖学金用于学生学费补助，具体发放金额参考各专业学费费用和国家规定的学业奖学金上限来确定。按照国家规定，学业奖学金标准不超过同阶段研究生国家奖学金标准的 60％。现在博士生学业奖学金上限是 18000 元/生/年。实际上，四川大学博士生学费标准是 9000 元/生/年～1 万元/生/年。学业奖学金对全国研究生招生计划内的全日制非定向博士生（有工资收入的除外）和部分全日制专项计划博士生发放，通过学费冲抵，有效减轻了博士生的经济负担。

（四）“三助”岗位津贴

学校“三助”岗位津贴包括助研岗位津贴、助教岗位津贴和助管岗位津贴，经费来源主要是学校自筹经费、导师科研经费、社会资助等。大多数博士生从事的“三助”岗位是助研岗位，即协助博士生导师完成课题科研工作、承担实验室数据分析工作、整理汇总文献资料、参与项目科研等。少数博士生从事助教岗位和助管岗位，在业余时间勤工俭学，获得相应补贴。

1. 助研岗位津贴

2020 年，四川大学大幅提高博士生资助标准，博士生助研岗位津贴生均提高 650 元/月，生均资助达 1900 元/月，其中包含导师支付部分，导师支付金额按照文、理、工、医不同学科不同比例执行。也就是说，除了学校提供的博士生助研岗位津贴，博士生导师还为招收的博士生提供一定比例的助研岗位津贴，由各学院（中心、所）落实发放至学生。

这几年，四川大学不断提高博士生的资助标准，从 2007 年的生均 6000 元/年的助研津贴，增加至 2020 年的生均 22800 元/年，增长近 3 倍。同时，四川大学提高全日制非定向博士生资助覆盖面，资助比例从 95%提升至 100%，让符合要求的博士生有了生活保障，解决了生活之需。

2. 助教岗位津贴

四川大学助教岗位津贴由教务处设置，根据教务处和各学院具体工作需求招募助教，助教岗位津贴为 400 元/月～1600 元/月。博士生可以申请担任本科生助教工作，协助主讲教师备课，协助主讲教师完成课堂教学，在主讲教师的指导下组织学生开展小班研讨，帮助主讲教师批改作业和试卷等。博士生参与助教工作，提前进入工作状态，将理论知识和实践相结合，能进一步提升对专业知识的理解。

3. 助管岗位津贴

研究生助管岗位是指担任高校管理的助理工作或从事各项事务管理的辅助工作，如在一些行政职能部门值班、担任辅导员辅助管理工作等。目前，各大高校均设有助管岗位，部分博士生也参与助管工作。助管工作按照值班时间和工作量统计报酬，四川大学助管岗位津贴是 14～16 元/小时。助管岗位招募品学兼优、踏实认真、有责任感、学有余力的研究生，每周工作时间约为2～3个半天。在相同条件下，管理部门会优先考虑家庭经济困难的学生。博士生在助管岗位工作中能够提升为人处事的技巧，提高沟通表达能力，加强管理能力。除了日常学习之外，个人综合能力的提升有利于博士生毕业后更好地融入社会。

（五）专项奖学金

2020 年 7 月，四川大学设置“博士生创新奖学金”，用于激励博士生潜心从事高水平创新性科学研究，奖励在科学研究领域具有创新精神和杰出表现的博士生。该奖项每年评选人数不超过全日制非定向博士生总数的 5%，每人奖励 1 万元。

另外，四川大学鼓励设立各类研究生专项奖学金，如企事业单位、社会团体或者个人捐资设立的奖学金，利用各种社会资源，为博士生提供更多类型的奖助学金项目。

二、存在的问题

（一）如何落实博士生导师资助部分？

在博士生奖助体系中，博士生导师从科研经费中支付博士生培养费用，这一点具有很大的学科差异。工科、医科类博士生导师科研经费充足，对博士生的资助力度大。但是，对于文科和偏理论研究的理科，导师课题经费有限，用于资助博士生的经费不足，存在导师支付部分发放困难的情况（尹玉玲，2006）。部分文科类导师对导师资助不理解，认为学生参与助研情况较少，导师不应当承担资助金额。

目前，四川大学根据文、理、工、医的学科特点，设置不同的导师支付标准，但在实际操作中，还是存在个别资助发放无法落实到位的现实问题。

（二）如何处理师生关系？

在导师资助制度下，导师每个月给博士生发助研岗位津贴，博士生在课题组从事科研项目工作，部分学生会称呼自己的导师为“老板”。师生之间应该如何处理好这种利益关系，会不会因为资助而衍生出新的师生矛盾，这些都是博士生资助体制改革后面临的问题。

（三）如何获得更多的社会资助？

目前，四川大学奖助金资助大部分金额来自国家财政拨款和学校自筹经费。随着博士生资助待遇的逐步提高，学校承担了更多资助压力。在这种情况下，我们应该积极探索社会资助项目，资助经费来源应该更多元化，鼓励社会团体、企业、校友等参与资助博士生教育，设置更多专项奖助金，提高对博士生的资助。

三、建议

（一）构建和谐的师生关系

研究生培养机制改革的基本思想是建立以科研为主导的导师负责制，这对博士生导师提出了更高要求。在新奖助金制度下，博士生导师应按照学校规定准时、足额为学生提供相应的助研岗位津贴，让博士生参与课题项目，提高研究生培养质量。导师要关爱学生，为博士生制定个性化培养方案，让他们真正成长为有能力、有担当的科研人员。

导师和博士生之间并非老板和员工的关系，而是师生关系。师生关系中，导师要起到为人师表的带头作用，在师德师风方面展现出个人风采，在道德方面严于律己，培养出有德之才（张立迁、任欣荣，2011）。博士生应当尊重导师，感恩导师提供的助研津贴资助，主动协助导师完成科研工作，做自己力所能及的事情。

（二）加强奖助金政策的监督管理

任何政策的执行都需要有效的监督管理，在研究生奖助金改革中也是如此。在博士生助研岗位津贴导师支付部分的落实方面，学校要制定强有力的措施，确保导师按时、足额发放助研津贴给自己的学生。学院（中心、所）作为基层管理部门，要监督并且记录本单位导师发放津贴的实际情况，督促导师为学生提供足额资助。如果学生不积极参与导师的科研项目，导师可以申请暂停相关经费资助。明确双方的权利和义务，才能将奖助政策落实到位。学校设置监督举报机制，如果学生在导师支付助研岗位津贴方面存在疑问，可以联系学校，由学校调研核实情况后，依照相关规定进行处理。

（三）拓展多主体资助渠道

博士生教育是高等教育的重要环节。博士生资助需要政府、学校、社会和导师多主体共同推进，而不是单纯依赖国家拨款和学校自筹经费（谢洁芬、蔡茂华、鲍金勇，2013）。

除了博士生导师为博士生提供助研经费，还应该积极探求社会渠道资助，比如加强校企合作，推动企业经费资助博士生培养。高校可以积极挖掘校友资源，建立更多资助渠道，如优秀校友企业家可以设立专项奖助金，依靠社会力量资助课题项目研究等。在校企合作中，继续推行双导师制度，由学校导师和企业导师共同辅导学生，为在校博士生提供更多资金和实践机会。

参考文献：

谢洁芬，蔡茂华，鲍金勇．研究生资助体系多元主体利益和责任边界探析［J］．学校党建与思想教育，2013（12）：68－70.

尹玉玲．研究生导师资助制在我国实施的难点及对策［J］．中国高教研究，2006（12）：21－24.

张立迁，任欣荣．博士生奖学金体系在构建和谐师生关系中的作用分析

[J]. 化工高等教育，2011，28（6）：100－108.
张立迁. 博士生奖学金体系的构成要素分析［J］. 合肥工业大学学报（社会科学版），2012（4）：143－148.

数字媒体技术融入研究生思政课教学：应用场景、价值特征与路径优化

吴永超

（四川大学马克思主义学院　四川成都　610064）

摘　要：随着计算机、互联网与数字通信技术的高速发展与融合，数字音频、数字视频、数字电影等数字媒体技术快速普及，催生了移动 APP、慕课、虚拟现实等诸多新兴思政课教学方式。数字媒体技术在研究生思政课中的应用，为思政课提供了海量教学资源、丰富了思政课教学载体、增强了教学过程中的师生互动，但同时也可能带来碎片化知识阅读、裂变式信息传播、不良价值观冲击等问题。为进一步提升数字媒体技术在研究生思政课中的应用实效，本文提出将数字媒体应用纳入思政课教学体系规划、优化数字媒体在思政课程应用中的教学设计、强化数字媒体应用中的价值引导和情感教育等路径举措。

关键词：数字媒体技术；研究生思政课教学；应用场景；路径优化

迈入信息化时代，知识正以前所未有的速度不断更新。数字媒体技术与思政课教学的融合不仅会使现有教育方式和学习方式发生重大变化，而且会对教师的教育思想、教学观念、教学模式

等产生深刻影响，势必有力推动研究生思政课教学改革，实现优质教学资源共享，促进教学质量持续提升（陈南泉，2021）。为此，如何进一步促进数字媒体技术与研究生思政课教学深度融合，推动研究生思政课教育教学方法和教学模式改革创新，既是新时代高校思政课创新发展的大势所趋，也是以数字媒体为抓手，推动研究生思政课教学改革的重要契机。

一、数字媒体技术在研究生思政课教学中的应用形态

数字媒体技术具有人机交互功能，集声像、语言、图画和色彩多方位刺激的教学手段于一体，能够形成强有力的视觉效果和记忆点。特别是在新冠疫情冲击下，“人工智能+大数据技术”逐步应用到研究生思政课教学的多元场景中，带来了整个教学过程的巨大变化，改变了传统的教学模式和学习方式。

（一）移动教学 APP 应用

传统研究生思政课堂教学中，由于空间和学生数量等客观因素的限制，教师不可能及时、有效地掌握每个学生的真实学习状态。但随着移动 APP 在教育教学中的深层次应用，兼具学习、互动、阅读、练习等功能的移动 APP 出现在研究生思政教学中，摆脱了无趣、枯燥的传统思政课堂教学（邵明英、付宇杰，2020）。思政课教师也能够更加及时地掌握学生的学习状态，并能从学生登录 APP 的时长、练习完成情况等信息中，获得做好下一步教学设计的第一手真实资料，进而更好地提升思政课程的教学效果。从当下移动教学 APP 在研究生思政课程中的应用情况看，越来越多的高校逐步自主开发或者联合校外企业合作开发具有教育教学功能的移动 APP 并投入使用，如北京工业大学“中成智慧课堂 APP”、天津财经大学思政课教学应用的“超级校园 APP”、东华大学“学霸思政 APP”、江西理工大学“红色记忆 APP”等，受到学生的广泛欢迎。

（二）慕课等在线教学资源

近几年，随着互联网技术发展和智能终端的普及，“互联网+教育”的模式受到很多高校和企业的重视，在线教育迅猛发展。作为在线教学资源典型代表的慕课（MOOC），最早起源于美国，涵盖了高等教育、中学教育、小学教育等领域的大规模在线开放课程。2013 年至今，慕课在我国发展近十年，知名高校和机构建立了十余个慕课平台，其中较为知名的有网易云课堂、学堂在线、爱课程网等平台，已有六千万人次的高校学生和社会人士参与慕课在线学习（张妍，2021）。随着数字媒体技术的快速发展，越来越多的高校开始使用慕课等在线资源平台开展思政课程教学，清华大学、北京大学、复旦大学等高校相继建立了自己的在线课程平台，并采用课余时间慕课学习、课上参与小组讨论的方式开展思政课程教学，学生可以通过慕课平台进行选课、参与讨论和完成课后练习，教师可以制作上传教学资料、查看学生习题完成情况、与学生开展实时互动等。从效果来看，慕课等在线资源在现代数字媒体移动终端的支持下，对研究生思政课程的教学效果提升发挥着越来越明显的推动作用。

（三）虚拟现实技术应用

学习空间的重构是未来高等教育的关键发展方向之一，即通过先进的科学技术，实现教学场景与虚拟现实场景的有机融合，学生所处的学习空间可以根据教学场景的需要随时切换、改变。虽然上述场景在现实教学活动中的实现还存在一定的难度，但随着虚拟现实技术的不断成熟，在研究生思政课程中广泛引入、深度使用虚拟现实技术，已经是研究生思政课程改革、提升思政课教学实效的大势所趋。虚拟现实技术包括虚拟现实（VR）、增强现实（AR）、混合现实（MR）、影像现实（CR）等，但从技术成熟程度与应用范围来看，当前在研究生思政课程教学中具备较高应用可行性、有应用案例的当属虚拟现实技术（刘佳，2021）。

根据思政课程的教学需求，虚拟现实技术可以通过技术手段，创造出内容丰富有趣、更具实际操作性、更接近真实世界的沉浸式学习体验环境，学生的学习兴趣也随之被激发，显现出与传统教学方式相比的极大优越性。例如，为了让学生更好地体会思政课程教学内容的人文情怀和历史史实，四川大学推出“我的同学江竹筠”虚拟仿真课程，学生以江竹筠同学的身份进行角色扮演，在虚拟场景中与历史人物对话，共同经历体验历史事件，陪伴和参与江竹筠的成长历程和革命斗争。通过虚拟现实体验，寓教于乐，使参与者亲身感受到一个血肉丰满、可感可亲的“江姐”形象，不仅让枯燥的理论知识变得生动、立体，也让江姐的革命精神在互动体验中深入内心。

二、数字媒体技术在研究生思政课教学中的应用价值

数字媒体具有交互性与即时性、海量性与共享性、多媒体与超文本、个性化与社群化特点，其在研究生思政课中的不断应用，为研究生思政课教学与学习提供了一个更广阔的发展空间。

（一）提供海量教学资源

数字媒体时代的到来，使信息被传播、存储、利用的成本更低，人们获取信息的途径更加便捷。对研究生思政课教学来说也是如此，丰富的教学资源、快捷的检索和处理方式让学习效率大大提升。在数字媒体技术的支持下，教师通过普及的移动媒体终端和简单的操作便可以开展教学，更加便捷地筛选合适的教学资源、开展更具有针对性的教育教学。对研究生来说，可以利用课余时间自由选择更感兴趣、更合适自己的学习内容，充实和拓展自身知识体系。数字媒体技术的应用，让研究生思政课程的教与学更加均衡，实现了教师教学和学生自主学习同步提升的效果。

（二）丰富思政课教学载体

随着智能终端的不断涌现，智能手机、平板电脑、笔记本电

脑甚至更先进的人工智能、虚拟现实等智能设备开始出现在思政课堂教学中。在研究生思政课程教学中，教师可以结合多元化数字媒体终端在研究生群体中普及的情况，以图片、音频、视频等方式开展多媒体教学和实时互动，从而形成多样化、立体化的教学体验。在数字媒体提供的多样化载体支持下，研究生思政课程教学模式、高素质人才培养、开展交叉学科教学等方面的创新和探索都有了更大的发挥空间，对推进研究生思政课教学信息化建设具有重要意义。

（三）增强教学过程中的师生互动

数字媒体技术让研究生思政课堂有了更加丰富的展现方式，原本枯燥、单调的思政课程由二维的“黑板板书”变成了三维的“屏幕”，整个教学过程中研究生可参与的空间被大大扩展。在由教师单方面“灌输”变为师生共同讨论的转变过程中，传统教师和学生的角色和定位被逐渐弱化，学生可以更好地参与思政课教学。通过在研究生思政课程中开展不定时、不定期、不定形式的自由互动，教师启发、引导、辅助的角色功能被大大激活，学生自主探索、自主学习的意识提升，更加积极地与教师开展多种形式的对话，教学氛围更加活跃。总体而言，在数字媒体技术的推动下，灵活运用数字媒体和信息技术带来的便捷、快速、直观等特点，能使研究生思政课程的师生互动频率明显提升、信息传导机制更加流畅。

三、数字媒体技术在研究生思政课教学中的应用挑战

数字媒体技术的发展让网络成了一个约束较低、相对自由的空间，碎片化阅读、裂变式舆论传播、不良价值观的冲击等挑战，时刻都在警醒着我们在思政课教学中要理智、审慎地看待和使用数字媒体技术。

（一）碎片化知识阅读

数字媒体时代的到来，使高校研究生群体的移动终端普及率大大提升，智能手机已经成为必备物品，而基于手机的碎片化阅读普遍存在。研究生系统和完整获取知识的能力可能会由于碎片化阅读习惯的影响而下降，这种与传统课堂教学相对连贯、完整的学习习惯相背离的学习方式，容易造成研究生表现出知识结构分散、学习思维泛化等问题。碎片化学习在一定程度上可以让高校研究生在学习思政知识时时间、地点更加灵活，但其学习状态容易受到环境的影响，难以实现长时间的持续投入。另外，由于当前移动终端信息流较为繁杂，广告、阅读限制、娱乐软件等都会对当前缺乏足够自制能力的高校研究生产生较大的影响。因此，知识阅读碎片化依旧是数字媒体应用于高校思政教学时面临的主要挑战之一。

（二）裂变式信息传播

在当前的互联网时代，自媒体已经成为公众表达意愿和传递自我态度的重要渠道（代建华，2021），一些网络舆情的传播速度、传播范围和传播影响都超出了人们的想象，再加上一些标题党、虚假宣传等不良手段的推波助澜，一旦研究生被动地将不良价值观念融入自身的三观建设，便可能产生“沉默的螺旋”效应。在裂变式的信息传播过程中，个体的意见往往会被多数的意见裹挟，而多数的意见在接受主体没有足够辨析能力的前提下，是可以披着刻意粉饰后的外表来蛊惑人心的，这显然对研究生思政课程教学效果提升具有明显的不利影响。

（三）不良价值观冲击

互联网是一种开放的环境，网络上不同的思想观念、伦理道德、文化传统对研究生起着潜移默化的影响。网络中各种思想互相碰撞、各类信息良莠不齐，尤其是网络中充斥有大量不良信息，如享乐主义、拜金主义、历史虚无主义等，会直接冲击人们的价值取向和社会风尚，使社会主义核心价值观建设面临严峻挑战。解决上述问题，帮助研究生提升分辨不良价值观的能力、抵御不良价值观侵蚀，是影响研究生思政课教学水平的重要因素。

四、数字媒体技术融入研究生思政课教学的路径优化

（一）将数字媒体应用纳入思政课教学体系规划

当下高校研究生数字素养水平较高，多样化的智能设备充斥着研究生的日常学习、生活，研究生思政课教育需要认真思考如何将移动APP、在线学习平台、虚拟现实技术等数字媒体真正融入课程教学体系规划，将数字媒体技术与思政课教学紧密结合起来，方可紧密跟随时代发展潮流，提升研究生思政课程的人才培养效率和效果。具体而言，应当从教学实际与学生学习状态出发，深入分析数字媒体技术在思政课程教学中可能存在的用武之地，引导研究生成为思政知识体系的主动构建者，让数字媒体成为研究生思政课程教学体系规划的基础元素之一，提高研究生学习思政知识的积极性和主动性。为了更好地探索数字媒体、新技术在研究生思政课程教学体系规划中的发力点，作为“课程思政”试点的上海市，出台了一系列引导政策，鼓励高校积极探索提升数字媒体、新技术在研究生思政课程中应用的途径。经过政府、管理部门和相关高校的共同努力，上海市推出的“锦绣中国”“法制中国”“绿色中国”“健康中国”等一系列别具一格的思政课程紧扣时代发展脉搏，又注重思政导向，在蕴含丰富学术价值的同时也满足了学生利用数字媒体探索新鲜事物的诉求，极大地激发了学生群体的爱国主义热情和民族自信，一定程度上实现了以数字媒体、新技术为突破口，提升思政课程规划的时代性、科学性的目标，取得了较为理想的教育效果。

（二）优化在思政课程中应用数字媒体的教学设计

随着各种信息技术在教育教学领域的不断出现，新型教学工

具和教学模式也在不断冲击传统研究生思政课程教学模式（李华君、王沛佳，2021），探索数字媒体在研究生思政课程中的深层次应用方式，优化数字媒体应用的教学设计已经成为未来研究生思政课程乃至普通学科教学的未来发展方向。在现代化数字媒体教育教学工具的支持下，思政课程教师的任务已经发生了转变，学生对传统讲台上的“灌输者”依赖度大幅降低，转而需要在开展自主探索时给予相应引导和辅助的“向导”。因此，为了更好地提升数字媒体在研究生思政课程中的应用实效，教师需要结合思政课程的课堂教学目标，充分结合现代数字媒体技术和数字媒体教育工具特点，采用课堂与课余时间相结合的方式，优化研究生思政课堂教学设计，保证教师和学生在数字媒体技术应用环境下开展思政课堂教学活动，最终达到掌握研究生学习行为数据、了解学习状态、搜集学习反馈、实现教学设计持续性优化的教学设计目标。

（三）强化数字媒体应用中的价值引导和情感教育

在信息时代，信息繁多且良莠不齐，研究生思政教师在传统的“传道授业解惑”之外，还要引导研究生形成科学、健康的人生观、价值观和世界观，提升研究生群体甄别、抵御不良文化及观念侵蚀的能力，而这些方面都是对研究生原有认知领域观念的解构与重组。数字媒体的出现让思政教师的价值引导工作有了更加广阔的操作空间，摆脱传统思政课堂枯燥的教学模式，重视和强调思政课程在数字媒体和现代信息技术支持下的改革与创新，是提升数字媒体在研究生思政课程应用实效的必经之路。从这个层面看，教师要进一步强化数字媒体的价值引导和情感教育作用，推动思政课程由单一走向立体的实质性变革，并在数字媒体技术与终端的支持下，探索适合网络传播特点的思想政治教育和网络空间主阵地建设途径，夯实数字媒体在研究生思政课程中的价值引导与情感教育基础，促使数字媒体在研究生思政课程中的应用朝着更广阔、更深入的方向发展。诸多研究生思政课教学的实践也证明，合理利用数字媒体技术，强化数字媒体在研究生思政课程中的价值引导和情感教育作用，在提升数字媒体应用成效方面是必要且可行的。

五、结语

数字媒体技术与研究生思政课教学的深度融合，既是机遇又是挑战，只有在研究生思政课程的教育体系规划、教学模式设计、情感价值引导等方面真正借助数字媒体技术发展带来的便捷条件，遵循新时代研究生认知和身心发展的客观规律，将思想觉悟和政治修养的培养渗透到数字媒体与思政课教学的有机融合过程，才能真正激发数字媒体在研究生思政课教学中的作用，更好地落实研究生思政课立德树人的根本任务。

参考文献：

陈南泉. 大数据技术手段对高校思政“智能化”转型的推动作用［J］. 佳木斯大学社会科学学报，2021，39（6）：78－80＋88.

代建华. 论高校思政课与移动信息技术的深度融合［J］. 学校党建与思想教育，2021（17）：72－74.

李华君，王沛佳. 人工智能时代高校思政课的智慧化教学创新与建构路径［J］. 中国大学教学，2021（11）：35－38.

刘佳. 人工智能技术条件下高校思政课情景教学模式创新研究［J］. 思想理论教育导刊，2021（11）：100－103.

邵明英，付宇杰. 移动互联背景下高校“课程思政”师生互动研究——基于 SWOT 分析法［J］. 思想教育研究，2020（4）：155－159.

张妍. 高校思想政治理论课在线教学模式研究［J］. 黑龙江高教研究，2021，39（12）：99－103.

研究型高校本硕博贯通式课程思政教学体系探究

——以“新中国史”课程为例①

李建艳　郭书愚　姜　莉　鲍成志

（四川大学历史文化学院　四川成都　610065）

摘　要： 将历史专业科研力量与课程思政相结合，将“四史”宣讲切实融入研究型高校本硕博贯通式课程教学体系，是当前研究型高校的重要育人方式。本科生、硕士生、博士生虽在知识基础、专业定位等方面均有所不同，但三者可借助“四史”中的“新中国史”统一于思想政治教育理论与实践之中。因此，应正确认识和处理课程思政与思政课程之间的多样性与主导性、分散性与系统性，全面认知本、硕、博之间的隐含性与外显性、间接性与直接性的辩证统一关系，有效发挥“新中国史”在思政课程中的统帅、引领作用，深入发掘其在本、硕、博群体中的隐含共同育人元素，形成贯通式协同育人的整体效应。

①　本文系2021年四川大学党政服务研究项目成果，项目名称：新文科建设背景下高校课程思政的管理模式创新与实践，项目编号：2021DZYJ－06；四川省2021—2023年高等教育人才培养质量和教学改革项目项目的阶段性成果，项目名称：“四史”树人、学思践悟：研究型高校“新中国史”课程思政教学体系探究，项目编号：JG2021－107。

关键词：研究型高校；贯通式；新中国史

一、研究背景

党的十八大以来，党中央立足于坚持和发展新时代中国特色社会主义的现实需要，号召全党、全社会广泛开展党史、新中国史、改革开放史、社会主义发展史学习教育。为贯彻落实习近平总书记关于加强“四史”教育的重要指示精神，教育部于 2021 年 4 月发出《关于在思政课中加强以党史教育为重点的“四史”教育的通知》，要求有条件的高校开设以党史教育为重点的“四史”思政课程，以期有效提升学生的政治认同、思想认同、情感认同。2021 年下半年，全国各高校陆续面向本科生开设了“四史”课程，并按照教育部通知精神，要求本科生至少修读 1 门该课程。

高校“四史”课程是落实党中央重大决策部署的具体体现，课程充分发挥思想政治理论课主渠道作用，在以党史教育为重点的“四史”教育中有效提升学生的政治认同、思想认同、情感认同，真正做到“学史明理、学史增信、学史崇德、学史力行”，坚定对马克思主义的信仰、对中国特色社会主义的信念、对中华民族伟大复兴的信心，以昂扬姿态为全面建设社会主义现代化国家努力奋斗。不过，与其他高校思想政治教育课程相比，“四史”课程起步较晚，其教学体系的构建在全国范围内尚处于探索阶段，此种情况与“四史”教育在当前高校思政教育中的地位不符。合理利用现有的课程思政经验，尽快构建完整的“四史”教学体系，科学设计“四史”教学内容，落实“增强使命担当”的学习内容，确保学习效果入脑入心，是当前“四史”教育亟待解决的核心问题。

习近平总书记在 2016 年全国高校思想政治工作会议上指出：

"其他各门课都要守好一段渠、种好责任田，使各类课程与思想政治课同向而行，形成协同效应。"不论是育人目标、教学功效还是教学内容，各类专业课的课程思政与思政课程应是"同向而行、协同育人"的关系。"四史"课在当前的高教体系中虽属思政课程，但与历史学专业存在明显的亲缘联系。因此，历史专业的课程思政经验，对于"四史"育人体系的构建更具参考价值。

长期以来，四川大学在党史、新中国史研究与教学方面积累了丰富经验，形成了一支由 10 余人组成、老中青结合、教学研究领域覆盖新中国史各个方向的稳定教学队伍。近年来，以杨兴梅教授"中国近代社会史"等多项校级研究生、本科生课程思政建设项目为依托，教学团队将课程思政育人目标与专业育人目标有机结合，在专业课课程思政建设上积累了相当的经验。"新中国史"教学团队成员曾先后获得省级优秀教学成果一等奖、校级优秀教学成果奖、课堂教学质量优秀奖。"中国近代社会史"课程获四川大学研究生课程思政建设立项，其思政育人效果广受学生好评。

2021 年 4 月，根据教育部指示精神，四川大学"新中国史"教学团队正式组建。团队负责人与团队成员主要来自"中国近现代社会史"课程思政建设项目团队，在课程思政建设方面具有一定经验。从 2021 年 10 月起，教学团队开始承担"新中国史"的教学工作，开设 5 个班，课容量达 1000 人。教学团队将"中国近现代社会史"课程思政建设经验与"新中国史"教学相结合，在课程思政与思政课程协同育人路径探索中取得一定进展，在本科生与研究生课程思政衔接中起到了优良示范作用并为后续工作奠定了重要的前期基础。

二、实施过程

（一）明确政治站位，系统化、高质量地设计了“新中国史”教学大纲

长期以来，高校思政课程设置中，党史、国史教育仅有“中国近现代史纲要”一门课程，该课程课时量小、时间跨度大、内容涵盖多，难以完全满足本硕博课程思政贯通式教育需求。随着“四史”课程的普遍开设，前述问题虽得以缓解，但各“四史”课程如何设计出政治站位明确、思政目标突出、内容安排合理，有系统、有逻辑的教学大纲成为当务之急。课程团队在认真把握习近平总书记关于加强“四史”教育的重要指示精神及教育部加强高校“四史”教育通知精神的基础上，结合此前面向研究生开设的“中国近现代社会史”课程思政建设的有益经验，分析了本科生、硕士生、博士生具体学情，注重思政育人与课题专业的有机结合，设计出了一套适应当前“四史”教育背景，符合当前本科与硕士、博士阶段课程思政衔接要求的教学大纲。

（二）将课程思政与思政课程有机结合，构筑了完整的“四史”教育体系

课程思政与思政课程在育人目标上虽有一致性，但两者并不完全等同。一直以来，高等教育中存在思想教育工作被片面划归思政课程的误区。“四史”是新开设的思政课程，时间紧、任务重，各高校普遍面临教学体系难以迅速调整、资源与人力配置无法立即到位的难题。因此，当前高校“四史”课程建设普遍采取不同学院、不同专业共同参与，不同专业根据自身特点分门承担的方式推进。此种方式有利于各专业发挥自身特长，快速推进“四史”课程建设，但非马列专业在开展“四史”教育时如何避免“各说各话”，如何不损及“四史”教育的思政性与系统性，是“四史”课程的一大难题。课程团队在面向研究生开设的“中

国近现代社会史”思政建设经验的基础上，在设计“新中国史”课程大纲时，既注重发挥历史专业的特色，也注意与不同专业背景的“四史”团队协同合作，在大纲设计、课程考核、课程实践等多个环节实现相互协同。此外，团队还拟在选修课、第二课堂等领域发力，力图在“四史”核心课程建设之外打造“协同”课程群，从而形成对“四史”教育体系的必要支撑。

（三）学思践悟，知行合一，将思政、研究与社会实践有机结合

长期以来，思政课程普遍存在理论性过强，教学方法单一，与学术研究、社会实践距离过远，育人效果滞后的问题。课程团队在“中国近现代社会史”课程思政建设中，对于如何将课程专业目标与思政育人目标相结合，已积累了一定经验，特别是通过引导学生精读中国近现代社会史领域的基本史籍（包括基础性的史料和经典论著），引发他们对中国近现代社会史研究趋向、框架以及根本法则进行深入思考和讨论，取得了较好的效果。课程团队在前述工作的基础上，结合研究型高校的具体学情特点，发挥中国史专业的特殊优势，通过“新中国史”课程体系构建，探索出了一条适用于本硕博贯通衔接的，使思政、研究与社会实践有机结合于“四史”教学的新路径。

三、本硕博贯通式课程思政的特色

（一）课程内容及形式与时俱进、应时政需求

课程内容与形式皆以习近平新时代中国特色社会主义思想为指导，牢固树立“四个自信”。把习近平总书记关于“四史”的重要论述融入“新中国史”教育，紧扣中国共产党团结带领中国人民抵御外来侵略、争取民族独立、实现人民解放和民族复兴的历史主题主线，密切关注时政发展的最新动向，在基层教研活动中组织教学团队认真学习和研究党和国家最新的路线方针政策，

将其与“新中国史”的教学内容相联结，凸显中国共产党的奋斗历程和中华民族的政治选择历程，使青年学生了解历史的基本事实和发展脉络，把握历史规律并得出科学结论，学通弄懂马克思主义为什么具有强大的真理力量、中国共产党为什么能够不断成功、中国特色社会主义为什么具有制度优势。为国家培养基础人文学科的中坚力量奠定了坚实的基础。

（二）课程教学中以史带论、融论入史

主讲教师有意识地引导学生仔细研读中国革命的相关经典文献，增进学生对马克思主义中国化进程的正面理解和认知。同时通过对中国近现代史学理论方法论争的关注，引发学生对唯物史观的历史意义及其在近代中国“在地化”进程的深入思考和热烈讨论，以史带论、融论入史，激发学习兴趣和热情，从方法论角度规避历史虚无主义和碎片化的倾向。

（三）课程设计中协同育人，打破思政课程与课程思政的壁垒

通过“新中国史”课程建设，做到了在思政课中用知识性、学理性讲明政治性。与此同时，通过“新中国史”课程建设，助推历史系专业课程在专业内容基础上重视思想政治教育，让学生在知识积累中增强政治认同，感受思想熏陶，提升人生境界，并使本科生、研究生、博士生在互帮互助中促进对思政概念理解的深度融合。

四、本硕博贯通式课程思政建设的价值意义

（一）建设了本硕博贯通式思政课程协同育人的“新中国史”教学人才梯队

根据面向研究生开设的“中国近现代社会史”课程思政经验，四川大学在实践中成功构建了一支老中青结合、思想品质与专业素质过硬、课程思政经验丰富、协同创新能力强的教学

团队。

（二）构筑了本硕博贯通式思政课程协同育人的“新中国史”教学体系

课程团队在汲取“中国近现代社会史”课程思政经验的基础上，进一步汲取中国近现代史纲要等传统思政课程的建设经验，在加强课程思政、树立“四史”树人目标的前提下，遵循新中国历史发展的逻辑，遵循学生认知的规律，科学设计“新中国史”教学内容。同时构建与其他“四史”教学团队协同的“四史”教学体系，在大纲设计、课程考核、课程实践等多个环节进行了合理配置及协调，避免了重复教学、无效教学。

（三）成功探索出了一套本硕博贯通式思政课程协同育人的培养模式

课程团队依据现有条件，整合了各种资源，探索出了符合现阶段“四史”教学需求的社会实践教学活动，让更多的学生参与“四史”。探索并深化了本硕博贯通式课程思政教学改革，提高“四史”课堂教学吸引力和实效性的切实办法。探索了“四史”教育中交互式课堂、互动式教学的可行方式。

参考文献：

高君．高校课程思政与思政课程的协同效应［J］．天津师范大学学报（社会科学版），2022（2）：122－128．

郑永廷．把高校思想政治工作贯穿教育教学全过程的若干思考——学习习近平总书记在全国高校思想政治工作会议上的讲话［J］．思想理论教育，2017（1）：4－9．

文学类课程思政建设与高校人才培养质量提升*

胡余龙

（四川大学文学与新闻学院　四川成都　610207）

摘　要：在各类课程思政建设中，文学类课程思政建设占有特别的位置，与高校人才培养质量提升息息相关，具有显著的可操作性、可靠的实现路径、明显的现实意义，这是由文学的专业特性与学科属性决定的。本文分析了目前课程思政研究存在的主要问题，并提出了建议。

关键词：文学；课程思政；高校人才培养

伴随着我国高等教育事业的不断发展，课程思政建设在我国高等教育中的地位不断得到强化，正在受到越来越多的关注。随着课程思政建设的不断深入，课程思政研究方面的论文、论著数量逐年上升，研究内容、研究方法、研究思路日益丰富。整体而言，笔者认为目前的课程思政研究主要有如下两个问题：一是同质化现象比较严重，虽然相关学术成果已然颇丰，但是具有新意

* 本文系四川大学新世纪高等教育教学改革工程（第九期）研究项目“文学类课程思政建设与本科生核心竞争力提升”，项目编号：SCU9063；教育部基础学科拔尖学生培养2.0研究课题“本科生—研究生学习共同体研究”的阶段性研究成果，项目编号：20212077。

和创见的著述不多，观点重复、话语重复、理论重复的情况较为普遍；二是“重理论、轻实践”，名为对课程思政的理论探讨和实践探索，实则多为理论探讨、少有实践探索，缺少对课程思政典型案例的设计与分析。鉴于课程思政建设与高校人才培养质量提升之间的密切关系，本文以文学类课程思政建设为研究对象，探讨其参与高校人才培养质量提升的现实依据、重要意义和实现路径。

一、提出问题

回溯我国高等教育的发展历史，“课程思政”虽然在 2014 年才被正式提出，但其早在 1950 年代就已经萌发了。1954 年，中国颁布综合大学各课程教学大纲拟订方案，明确规定课程教学大纲需要“具有高度政治思想性”“贯彻爱国主义和国际主义精神”，这是我国高等教育史上“首次提出在课程教学中融入思政内容，并成为课程改革和专业教学的遵循”（程良龙、邵晓琰，2004）。

自 2014 年“课程思政”被正式提出以来，与之相关的理论探讨和实践探索已蔚为可观。课程思政之所以能够引起如此广泛的关注，主要是因为它是关乎高校课堂如何将立德树人的根本任务落到实处的基础性话题，是所有课程都无法绕开的关键性问题，也是所有教师都必须高度重视的本质性课题。从这个层面来讲，我们既可以说课程思政是对如何进行课程建设的一种思考，也可以说课程思政是对怎样发展高等教育的一种摸索。从已有的研究成果来看，学术界主要是在“课程思政”与“思政课程”协同育人的前提性共识下展开对话的，构建专业课与思政课同向同行的“大思政格局”是众人共同的期望。这表明有关课程思政的原则性问题基本上已经达成一致，接下来可以进入更深入、更细致的讨论阶段。

习近平总书记在全国高校思想政治工作会议上说："做好高校思想政治工作，要因事而化、因时而进、因势而新。要遵循思想政治工作规律，遵循教书育人规律，遵循学生成长规律，不断提高工作能力和水平。要用好课堂教学这个主渠道，思想政治理论课要坚持在改进中加强，提升思想政治教育亲和力和针对性，满足学生成长发展需求和期待，其他各门课都要守好一段渠、种好责任田，使各类课程与思想政治理论课同向同行，形成协同效应。"（习近平，2016）这段话是理解"课程思政"与"思政课程"的辩证统一关系的重要前提，"守好一段渠、种好责任田"成为各类课程思政建设的指导思想，"使各类课程与思想政治理论课同向同行，形成协同效应"则成为各类课程思政建设的主要目标。

从根本上说，课程思政研究旨在推动课程思政建设，而课程思政建设又与高校人才培养质量提升有着紧密联系。为更加显著地提升高校人才培养质量，努力培养出更多行业领军人才，高校要从基础保障、氛围营造、理想信念、服务指导、科研训练等多个方面推进课程思政建设进度。正是因为课程思政建设与高校人才培养质量提升之间具有紧密联系，我们认为"文学类课程思政建设与高校人才培养质量提升"是值得开展的一个研究课题。对这个课题进行深入的讨论，有助于推动课程思政建设的现实进程、促进高校人才培养质量的持续提升。

二、基本范畴

众所周知，"两张皮"的问题长期困扰着教师，它主要是指专业教育与思政教育出现脱节割裂的情形。随着国家层面对课程思政建设的重视程度不断提升，势必会有越来越多的教师更加深刻地认识到课程思政建设的重要性与必要性，并且为探索课程思政建设的可行性持续努力。

在各类课程思政建设中，文学类课程思政建设占有特别的位置，具有显著的可操作性、可靠的实现路径、明显的现实意义，这是由文学的专业特性与学科属性决定的。陈功（2020）认为：文学类课程思政教育的优势在于变知识和审美为情感的传递，将提高学生的文学审美和写作能力与精神提升结合。教师带领学生学习文学现象和作家生平时，能够与现实结合，以古论今、推己，让学生感受到真善美和正确的人生观，特别是能在人生的选择、对待挫折和情感问题的态度等方面对学生加以引导。

通常而言，文学类课程以文学历史演变为逻辑线索，从整体上介绍文学取得的历史成就，充分挖掘文学史上的经典个案和思潮流派。文学类课程思政建设须以立德树人作为根本任务，将课程思政理念融入文学知识讲授，结合文学自身的专业特色、学习规律、课程特点推进课程思政建设，帮助学生取得长足进步。与此同时，文学类课程思政建设立足于课堂教学的实际情况，兼顾专业性与通识性，既要保证学生能够从中获益，又要激发学生的学习兴趣与钻研热情。

文学类课程思政建设需要充分考虑选课学生的多元性，尽量满足他们在听课方面的个性化需求，授课内容应当囊括文学史的重要知识点，将文学史的流变线索清晰地勾勒出来，同时选取重要的作家、作品、现象、思潮、流派、社团等进行深入讲解，将文学批评理论、文学史研究方法与思想政治教育理念融入其中，引导学生在感悟文学的过程中认识到提升思想道德修养的重要性。

文学类课程思政建设应当力图做到价值引导、知识讲授、能力提升三位一体，将课程思政内容融入课堂教学实践环节，把思想政治教育与文学知识讲授有机结合起来，深入挖掘课程思政的专业培养价值和思想熏陶作用，建构思想政治教育与文学知识讲授相统一的课程思政教学内容体系。如邹赞（2019）就提出：立足新疆区域社会发展实际，以中华优秀传统文化、经典文学文本和红色文化为载体，凸显爱国主义教育和民族团结教育，尝试打造立体化、多层面的“大思政”教育体系，逐步构建一种有机融合普遍性与特殊性的中国语言文学类专业创新人才培养模式。

文学类课程思政建设需要突出文学史上的进步力量，将课程思政内容融入教学实践，体现出新时代中国高等教育的主流精神和应有之义。参与文学类课程思政建设的任课教师应该积极学习领悟新时代党和国家的创新理论、方针政策等，并将之自然地应用到教学实践当中，在向学生传授文学知识时，从政治认同、理想信念、家国情怀、道德修养、为人处世等多个方面向学生传递课程思政内容，引导他们树立正确的理想信念、价值观念和道德标准。

三、推行路径

总体而言，文学类课程思政建设的主要目标是探索以启发式教学法为主导性思路，在注重鉴赏文学作品的同时，想方设法帮助学生打开思维空间和观察视角，引导他们自觉地对当代社会实际情况进行深入思考。与此同时，文学类课程思政建设需要将文学研究领域的最新研究成果与思想政治教育的育人实践活动有机结合起来，贯彻落实立德树人的根本任务，紧跟当今时代的全新发展浪潮，把思想政治教育内化为文学类课程的教学内容，以润物细无声的柔性方式向学生宣传社会主义核心价值观，持续拓展、培养和增强学生的学科思维、人文意识、思政素养。

由于文学的特殊学科属性，文学类课程思政建设具有跨学科性质，它以思想政治教育为旨归，涉及历史学、哲学、政治学、经济学、社会学、文化学、心理学等多种学科。与之相应的，在文学类课程的教学活动中，为了更好地将文学知识传授与思想政治教育结合起来，教师可以根据具体情况综合采用文本细读法、文献考证法等多种研究方法，摸索出一条不拘学科、不落窠臼的文学类课程思政建设新路径，从而保证课堂教学的实际成效。

文学类课程思政建设须以课堂为主渠道、以任课教师为主力军、以学生为中心、以思想政治教育为旨归，鼓励任课教师培养学生参与文学活动和学术研究的兴趣与能力，引导学生独立自主地发现问题、分析问题、解决问题并且及时总结经验教训，学生的综合能力往往是在一次又一次的摸索与试验、总结与归纳、成败与反思中得到提升的。为此，文学类课程思政建设需要采取多种方式激发学生学习文学的热情和自主探索的精神，在文学类课程教学内容中有机融入思想政治教育元素，让学生在相互交流、相互启发、相互促进中不断提升思想政治素养、拓展文学知识储备。

值得特别注意的是，文学类课程思政建设应当根据实际情况尝试线上与线下相结合的教学模式，充分利用现代信息技术发展带来的种种便利，针对学生的不同需求，重新整合教学资源，将以课堂教学为主的第一课堂、以课外实践为主的第二课堂和以网络教学为主的第三课堂紧密结合起来，将文学知识传授、思想政治教育、教师研究成果、启发式教学法、学生反馈意见等诸多方面涵盖进来，把思想政治教育贯穿课堂教学的全过程（陈功，2020）。

那么文学类课程思政建设应该如何充分运用现代信息技术呢？任课教师应该勇于打破线下授课的时空限制，除了保证课堂教学的质量以外，还可以在课后为学生提供一些补充性的指导，从而满足学生的学习热情与求知愿望，提升文学类课程思政的教学效果。另外，通过公告、邮件、短信等方式，及时将课程进度和知识要点告诉学生，从而为学生提供更好的教学服务。质言之，任课教师应努力将现代信息技术与教育教学内容相结合，确保学生既能高效地接收文学知识，又能积极地获取思政内容。

概言之，把思想政治教育贯穿人才培养的全过程是构建科学、合理、有效的文学类课程思政教学体系的基本前提，任课教师应该结合文学的专业特点和课程性质有针对性地推进课程思想建设。具体而言，任课教师应该将课程思政理念融入文学类课程的实践教学环节，按照课程思政建设的整体要求，结合文学类课程的学科特点、思维方法和价值观念，深入挖掘其中的课程思政元素，形成长效稳定的课程思政教学内容体系。文学类课程思政建设具有重大意义，与高校人才培养质量提升息息相关，而且对其他类别的课程思政建设也有启发作用，因此，相关的理论探讨与实践摸索应该长期进行下去。

参考文献：

陈功. 高校课程思政工作建设［M］. 北京：中国商务出版社，2020.

程良龙，邵晓琰. 立德树人：高等教育专业思政重在价值引领［J］. 教育教学论坛，2021（4）：1—5.

习近平. 把思想政治工作贯穿教育教学全过程，开创我国高等教育事业发展新局面［N］. 人民日报，2016—12—9（1）.

邹赞. 大类招生培养模式下“课程思政”建设的探索与实践——以新疆大学中国语言文学类专业为例［J］. 兵团教育学院学报，2019（6）：30—35.

应用导向跨学科研究生培养机制的协同创新*

刘红萍　林江莉　范红松　田　单　杨　秋
吴狄洋　陈艳雯　张倪惠
（四川大学生物医学工程学院　四川成都　610065）

摘　要：针对跨学科研究生培养机制的协同创新问题，本文分析了国内外大学、研究机构的先进理念、策略和经验，突出应用导向的跨学科研究生培养理念，以协同理论作为研究生培养机制构建的理论基础，探讨研究生与本科生的协同培养、研究生跨校跨学科协同培养、跨学科导师队伍协同构建、跨学科学术交流平台协同构建、跨学科研究生课程体系的协同建设的方案。

关键词：研究生；培养机制；应用导向；跨学科；协同创新

一、绪论

协同理论（Synergetics，也称“协同学”）主要研究远离平衡态的开放系统在与外界有物质或能量交换的情况下，如何通过自己的内部协同作用，自发地出现时间、空间和功能上的有序结构。协同理论包含协同效应、伺服原理和自组织原理等内容。自

* 本文系四川大学研究生教育教学改革研究项目（立项编号：GSSCU2021120）。

然系统有序结构形成的内驱力能使系统在临界点发生质变而产生协同效应；系统在接近不稳定点或临界点时，系统动力学和突变结构通常由少数几个集体变量（即序参量）决定，而系统其他变量的行为则由这些序参量支配或规定，这就是伺服原理；系统在没有外部指令的条件下，其内部子系统之间能够按照某种规则自动形成一定的结构或功能，具有内在性和自生性特点，即为自组织原理。

跨学科教育具有教学内容的交叉性，教育者与受教育者知识、能力、素质结构的复合性的特点。与学科立场的传统培养观相比，应用导向的跨学科研究生培养在理念、目标、方式和过程等方面表现出一定程度的差异性（田贤鹏、李翠翠、袁晶，2021）。在实践过程中，跨学科研究生培养面临着学位授予、课程教学、考核评估和管理体制等方面的障碍。实施跨学科研究生教育必须进行管理创新，加强跨学科研究生教育的组织建设；打破学科与专业限制，改革跨学科研究生培养机制；营造学术氛围，构建形式多样的跨学科学术交流平台。跨学科研究生培养机制是一个大系统，它涉及国家的研究生教育理念、学校研究生培养制度及软硬件条件、生源质量、导师队伍、研究生学业评价方式等不同层次、不同规模的子系统，影响因素多而复杂，通过构建应用导向型研究生培养的协同机制可以理顺跨学科研究生培养涉及的各个子系统或环节的关系，助力提高创新人才培养的质量。

二、应用导向的研究生培养理念

近现代以来，知识生产的专业化程度越来越高，学科门类划分越来越精细，以学科为中心的院系管理越来越细化，这有利于促进专业理论研究水平的提升。但是，学科立场割裂了知识的整体联系和内在逻辑，而应用问题的复杂性和系统性突显了单一学科视角的局限性，这种局限性阻碍了复杂问题的解决。

研究生培养的核心是促进高深专门知识的生产和应用，而知识生产和应用方式的变化会直接影响研究生教育的目标、内容和组织形式等。基于学科立场的研究生培养机制强调研究生在某一学科领域内知识体系的掌握和运用；而基于应用导向的跨学科研究生培养机制则突显出理论与实践的内在联系，强调促进复杂问题解决的应用性。二者并非取代与被取代的关系，也不存在孰优孰劣的问题，而是代表了两种不同的研究生培养理念。

跨学科研究生培养的核心在于突破学科壁垒，关注研究生问题解决能力的提升。推进跨学科研究生培养机制变革需基于应用导向，鼓励学科交叉，提升学位授予制度的灵活性；以科研项目为载体，促进基于知识整合的课程教学设计；重构考核评估体系，强化跨学科研究生的复合创新能力；完善协同创新机制，打破跨部门的利益分割障碍（田贤鹏、李翠翠、袁晶，2021）。应用导向跨学科教育有助于提升研究生知识和能力的应用性，有利于培养研究生的创新能力。

三、应用导向跨学科研究生培养协同机制构建

研究生是国家科技创新的人才储备。构建应用导向跨学科研究生培养的协同机制，应着力于以下五个方面。

（一）构建研究生与本科生的协同培养机制

本科生教育的灵魂就是高质量的人才培养。大学应注重本科生的专业培养，提升学生自主学习能力，有效保证学生学习专业知识的精深度；使学生具有融会贯通的分析能力，具有准确简练的表达能力，能够从字里行间领会作者的本意和暗示，能够欣赏科学和懂得辩论的优美，有勇气支持正确的见解，理解人类认识的局限性，懂得没有行动将一事无成；注重对学生核心竞争力与可迁移性素质的培养，这种可迁移性体现在不同专业、不同行业

与不同文化之间。

研究生教育或强调培养从事研究和发现客观规律的科研后备人才，其目的是认识客观世界、探究科学规律、丰富人类知识，主要从事基础性研究，研究成果侧重体现学术价值；或强调培养社会特定职业的高层次技术与管理人才，以技术创新、开发研究为目标。因此，研究生从事科学技术研究的目的或在于认识世界，或在于改造世界。

由此可见，打造本科生、研究生的协同培养机制，突出本科生阶段的适应与准备作用，可以为研究生阶段的高效、创造性学习和研究奠定基础；同时，也能为研究生生源质量的提高提供保障（刘红萍，2021）。

（二）构建跨校跨学科的研究生协同培养机制

欧美高校在跨校跨学科研究生培养方面已进行了有益的探索和实践。例如，1970 年美国哈佛大学与麻省理工学院联合建立了健康科学与技术部，通过跨校、跨学科合作，开展工程与医学领域的复合人才培养；2001 年英国剑桥大学和牛津大学合作成立纳米技术跨学科研究伙伴机构，旨在在生物纳米技术领域培养高水平跨学科研究人才。

在国内，也有一些高校进行了研究生跨校跨学科培养的探索。例如，中国矿业大学进行了研究生跨校跨学科协同创新培养模式的探索研究；电子科技大学进行了研究生多学科交叉融合创新培养的探索与实践；清华大学进行了研究生跨专业实践创新培养模式研究。

可见，构建跨校跨学科研究生协同培养机制，有利于发挥各校各学科的各自优势，提高跨学科研究生培养的质量和效率。

（三）构建跨学科导师团队的协同建设机制

在协同创新的研究生培养机制大环境下，应重视研究生导师指导能力的评价和提升，通过研究生导师培训、聘请行业知名专家、组建导师团队等一系列途径和方法加强研究生导师队伍建设，促进研究生创新能力培养。

由于导师团队可能由行业专家、企业导师、跨校跨学科导师组成，人员多、学科方向不同，甚至工作单位不同，导师的考核评价可能决定了跨学科导师团队的工作质量和效率。跨学科研究生培养方向的细微变化，会导致每位导师的工作量和工作要求有区别；有针对性地制定导师团队各成员的工作量、指导时间、指导质量的考核方法和考核标准，切实客观评价每位导师的贡献，能够调动导师跨学科指导研究生的积极性，有利于提高指导质量。

（四）构建跨学科学术交流的协同机制

跨学科研究生培养的学术环境，依赖于开展跨学科学术讲座、跨学科学术研讨会、跨学科学术沙龙以及搭建跨学科网上交流平台等学术交流协同机制的构建，从而营造良好的跨学科学术交流条件和氛围。应在不同校区、不同学科之间增强优秀学者与研究生之间的交流互动，定期、不定期地开展跨学科学术交流活动，将科学研究与人才培养工作紧密结合起来。

跨学科学术交流需要不同学科的优秀学者交流互动，促成科学思维的碰撞，达到交叉融合的目的。参与跨学科学术交流，不能只求索取，不想奉献。为了交流得足够深入，参加讲座的人并不是越多越好，报告内容也不是越深奥、时间越长越好。围绕某一特定主题、多人轮流发言的学术沙龙，能够营造自由轻松的氛围，增强参与者的互动性，可能更有利于跨学科的学术交流（刘小鹏、魏明，2015）。

（五）构建应用导向跨学科研究生课程体系的协同机制

跨学科研究生课程体系构建的目的是在研究生专业基础课程的基础上，进一步夯实研究生其他学科的基础知识，开阔研究生的学术视野，培养研究生开展跨学科研究的意识与兴趣，提高研究生的创新能力。与专业基础课程相比，跨学科研究生课程具有基础知识覆盖面广、课程内容前沿性强、选课学生专业背景丰富、科研实践性强等特点，因此需要从课程内容、授课对象、课程实践等多方面综合考虑跨学科研究生课程体系的建设，促进研究生知识深度和广度协调发展（周建华、周张凯、李雪萌等，2019）。

四、总结

研究生培养机制是一个涉及范围广、影响因素多且复杂的大系统，针对应用导向跨学科研究生培养机制的协同创新问题，本文分析了协同理论、培养理念、协同培养、机制构建等，以期为创新人才培养机制的建设提供有益的参考。

参考文献：

陈翠荣，杜美玲．英国牛津大学跨学科培养研究生的理念、路径及趋势分析［J］．黑龙江高教研究，2021，（2）：75－81

陈翠荣，李冰倩．密歇根大学跨学科培养研究生的理念基础、实现途径及面临的挑战［J］．外国教育研究，2018，45（8）：3－14

焦磊．美国研究型大学培养跨学科研究生的动因、路径及模式研究［J］．外国教育研究，2017，44（3）：16－26

刘红萍．研究生培养机制的协同创新//陈华明，汪东升．研究生教育管理探索与创新（2021）［M］．成都：四川大学出版社，2021.

刘小鹏，魏朋．跨学科学术交流对科研合作及研究生培养的影响初探——以北京大学生物医学跨学科讲座为例［J］．北京大学学报（自然科学版），2015，51（3）：571－576.

刘晓璇，林成华．研究型大学研究生跨学科培养模式的要素识别与模式构建——基于内容分析法的多案例研究［J］．中国高教研究，2019，（1）：66－71.

吕旭峰，范惠明，吴伟．跨学科研究生培养复合导师制度的构想［J］．教育发展研究，2015，(11)：33－39.

田贤鹏，李翠翠，袁晶. 从学科立场到问题导向：跨学科研究生培养的机制变革［J］. 高教探索，2021，(3)：52－59.

张建功，杨怡斐，黄丽娟. 我国高校工科硕士研究生跨学科培养模式调查研究［J］. 高等工程教育研究，2016，(4)：195－200.

周建华，周张凯，李雪萌，等. 以“理－工－医”交叉融合实现源头创新——生物医学工程交叉学科研究生培养实践探索［J］. 化学教育（中英文），2019，40（16）：75－80.

一流化学学科研究生国际化培养机制探究

马晓爽　姜林　苏　燕　杨　成
（四川大学化学学院　四川成都　610064）

摘　要：在国家“双一流”建设着力“培养一流人才、争创世界一流、在关键核心领域加快培养战略科技人才”的背景下，加强研究生国际化培养是铸就化学高层次人才的重要环节。本文通过四川大学化学学院在研究生国际教育方面的探索，分析化学学院研究生国际学术交流的现状和成效，思考优化国际化培养的方向和路径，推进一流化学学科人才国际化培养进程。

关键词：化学学科；高等教育；研究生培养；国际化；学术交流

四川大学化学学科2017年入选教育部建设的国家一流学科，2021年入选国家“关键领域急需发展学科”，同时作为四川大学六个高峰学科之一，化学学院始终致力于基础科学研究和化学人才培养，力争为国家和区域社会发展做出更多贡献。化学专业研究生的培养目标是使之成为“具有深厚人文底蕴、扎实专业知识与化学智慧、强烈创新意识、宽广国际视野”的国家栋梁和社会精英，这就要求我们提高研究生的国际竞争力，立足我国国情，推进化学专业研究生的国际化教育进程，持续提升化学专业研究生的国际胜任力和科研创新力。

一、化学高层次人才国际化培养的现实意义

研究生教育是高等教育中更高层次的培养环节，在推动国家创新发展中发挥着重要的战略支撑作用（文学、陈顺伟，2020），加强对研究生的国际化培养是提升我国研究生培养质量、实现研究生教育在世界舞台上发展的重要途径。现代高等教育的传统起源于西方国家，世界上多数重要研究文献和数据库使用英语，这充分说明西方国家在学术界尚处于领先地位，国内高校在推进人才培养战略并取得成就的同时，仍需秉承“以我为主，为我所用”的态度汲取高等教育发达地域的经验，向全球高等教育人才培养标准看齐，提升各学科领域人才在世界范围内的竞争力。

化学属于基础学科，学院在注重基础研究的同时聚焦科学前沿和国家需求，将培养跻身国际一流化学领域人才作为研究生教育的重要目标。随着我国综合国力的增强和化学学科的逐步发展，化学人才的国际化培养内涵也在不断拓展，在培养研究生从事化学国际前沿研究的学术能力的同时，也注重提升学生的跨文化交际能力、增进对共同问题的认识与治理能力，在国际化的学术环境中为学生提供不同文化视角的交流机会，进一步发展学生的创新能力（霍少波，2020），造就兼具专业化学研究水准和全球综合竞争力的高层次人才。

二、化学研究生国际化培养路径实践

化学学院依托学科优势和学术资源，充分发挥导师在研究生培养中的引领作用，挖掘优秀师资国际科研合作资源，通过加强学生国际学术交流意识、鼓励学生通过参加化学前沿学术报告会、国际学术会议、联合培养等多种形式开阔国际视野。

（一）国际化培养理念融入人才培养全过程

良好的国际化氛围有助于培养学生的国际化意识，促进国际

化培养质量（尚保强、秦帅，2020）。提升研究生的国际学术交流水平首先要培养学生的国际交流意识，鼓励学生积极主动参与国际学术交流。化学学院作为“强基计划”的招生单位，2020年起采用化学人才本－硕－博贯通式培养模式，此外每年平均60名左右的本院本科生通过推免或考研继续在学院进行研究生阶段的学习，因此将国际化培养思路贯穿人才培养全阶段将有力促进研究生培养质量的提升。学院自本科阶段就注重提升学生参与国际交流的意识，通过暑期课程和“国际课程周”等活动使学生广泛接触化学大类相关国际学术知识，为进入研究生阶段更深入了解化学前沿某一领域打下基础。

导师在研究生培养过程中发挥引领作用，学院教师的国际视野很大程度上影响学生的国际交流意识。学院研究生导师95％以上具有国际学术交流经历，其中70％有一年以上海外访学经历或在国外高校取得学位。导师的海外学术背景在指导研究生的过程中起着潜移默化的作用：一方面鼓励学生积极参与国际学术活动；另一方面更容易为学生提供参与国际科研活动的机会。导师的国际学术经历为人才培养注入国际化理念，是培养具有国际竞争力的化学拔尖人才的先决条件。

（二）立足本土提升化学研究生国际学术交流能力

在知识经济社会中，国家越来越重视高等教育发展，且强调高等教育服务于民族国家的竞争（霍少波，2020）。化学属于实验学科，很多研究工作须依托实验室开展，因此引进海外优秀化学教学科研资源是开阔学生国际化视野较为便捷的方式。在制定研究生培养方案的过程中，我院将“应用外语开展学术研究和学术交流能力、具有国际视野能较为熟练地进行国际学术交流”确立为培养目标之一，同时设置“学术交流活动”作为化学研究生专业必修课，要求学生在毕业前参与不少于15次的中外化学前沿学术报告会，并在会上做不少于两次的自讲报告，督促学生积极参与国际学术交流。学院积极邀请国内外化学专家来院开展学术报告交流，年均邀请国内外化学一流高校或科研院校的专家教授50余人来院讲座并开展学术交流（表1），充分为学生提供零距离接触化学国际前沿研究的机会。近两年新冠疫情影响了国内外学术交流频次，但“后疫情时代”的到来将为国际学术交流带来新的机遇。以必修课形式督促研究生积极参加国际学术讲座交流是不出国门就能有效提升学生国际学术认知能力的重要方式。

表1　化学学院近几年开展学术报告活动情况

年度	化学学术报告场次	外籍学术报告场次
2018	97	63
2019	87	46
2020	20	9
2021	8	3

学院开展国际学术活动是研究生参与国际学术交流的重要途径，学院近年举办的国际学术活动包括国际会议、学术研讨会、化学国际课程及交流营等（表2）。国际会议或研讨会的主题通常与学院研究生培养具体研究方向相关，相关课题组的学生能够全程参与会议筹备、会议开展、学术报告和交流环节，与来自世界各地的业内专家学者近距离交流，了解前沿研究的同时锻炼英语口语和沟通协调能力，为今后深造和开展国际科研合作打基础。此外，每年夏季小学期学校“国际课程周”期间，学院邀请约5名化学学科外籍专家来院授课，选拔研究方向相近的研究生担任助教，与外籍专家一对一沟通，协助外籍专家做好课前准备、课堂授课、课后答疑、成绩录入、试卷分析等工作。与在境外一流高校任职的化学教授零距离交流不仅能提升研究生的表达和沟通能力，同时能让学生对化学国际课程的设计和授课方式有

更深层次的了解，对学生今后出国深造或从事化学教学工作具有指导意义。

表 2　学院近几年开展国际学术交流活动情况

年度	名称	类别
2016	4th Annual Conference of the Global Green Chemistry Centers Network（G2C2）	国际会议
2017	The 7th International Conference on Nucleic Acid-Protein Chemical and Structural Biology for Novel Drug Discovery	国际会议
2018	6th International Symposium on Gasification and Application ISGA-6	国际会议
2018	Mini-Symposium on Photo-chemistry	国际研讨会
2018	Mini-Symposium on Radical chemistry	国际研讨会
2019	10th Asian Cyclodextrin Conference	国际研讨会
每年	阻燃化学国际学术活动周	国际学术报告研讨会
每年	化学国际课程周及交流营	国际课程及交流会

（三）放眼世界加强研究生境外国际学术交流力度

相比在国内开展的国际交流活动，赴境外参加国际会议或联合培养更能使学生在国际学术氛围的熏陶下增强国际交流意识，开阔国际视野。化学专业研究生赴境外交流学习的主要模式为参加联合培养和国际会议，近几年学生参与情况如表 3 所示，2020 和 2021 年派出人数受疫情影响较大。

表 3　学院研究生参加境外学术交流活动情况

年度	参加国际会议人数	做口头报告人数	参加联合培养人数
2018	25	16	3
2019	33	22	5
2020	4	4	4
2021	1	1	3

境外联合培养主要面向博士研究生，学生申请国家留学基金委或院校两级资助赴境外高校进行为期 12 至 24 个月的联合培养，进入境外高校化学实验室开展课题研究。学院年均通过国家留学基金委高水平公派项目或学校资助派出联合培养博士生 4 人，联合培养期间课题方向包括分析化学、绿色化学、物理化学、高分子化学、化学生物学和有机化学，基本涵盖学院化学专业所有研究方向。境外联合培养高校包括美国斯坦福大学、英国爱丁堡大学、丹麦科技大学、新加坡国立大学等化学专业全球排名前列的高校。参加联合培养的博士生多数是通过导师的科研合作确立外方导师和研究方向，研究生导师的国际学术交流背景和国际科研合作范围提升了研究生境外联合培养的广度和深度，并保证学生在外期间研究课题与在校研究方向基本一致，有助于学生返校之后顺利毕业。

参加国际学术会议可以让研究生及时把握学科动向，培养严谨的科研态度并意识到自己与学科前沿的差距（邹月辉、林金玉、孙法亮，2017）。近几年学院研究生参加化学领域国际会议年均 30 人次，60％的学生在国际会议上做口头报告，其余学生通过会议论文或墙报展示参会交流。化学国际会议在世界各地举办，举办频次高并且涉及很多化学研究领域，为学生提供广泛的选择，并使他们有机会与世界各地化学专家学者近距离交流，在相对较短的时间内更高效地收获国际学术体验，为今后更高层次的研究学习打下基础。

三、对构建一流化学学科人才国际化培养机制的思考

学院积极响应学校“双一流”学科建设目标，以构建化学高层次人才国际化培养模式为手段持续提升化学学科国际影响力。在人才培养方面取得一定成效的同时也发掘到以下可提升之处。

（一）探索多元化的国际化培养渠道

目前学院研究生国际化培养模式较为单一，不利于全面培养化学人才的国际交流能力。通过调研其他“双一流”高校的国际合作教育，我们发现了一些可借鉴的经验做法，如清华大学设立全球胜任力发展中心，致力提升学生在多元文化环境中有效学习、工作和与人相处的能力，为学生走向世界做准备。清华大学国际胜任力中心的国际化培养理念适用于各专业学生，有助于学生更快地融入国际化场景，提升学习专业知识的效率。这为学院今后的国际化发展方向带来启示，我们将与学校国际处和研究生院积极探讨，基于现有校院两级国际合作框架协议，探索更多的研究生国际教育途径，如利用寒暑假参加国外高校开设的研究方法课程或文化交流营，为进入国外高校进行专业学习和课题研究做准备；探索与国外医药化学企业建立合作实习基地，选送毕业年级研究生参加实习培训，帮助学生了解行业国际标准，提升职场竞争力。多样化的国际化培养途径可以满足研究生个性化的国际交流需求，切实培养具有国际视野的复合型人才。

（二）提高研究生国际学术交流覆盖率

学院研究生的国际交流覆盖率仍需提高。除了参与本土举办的国际学术交流活动，如学术报告和国际会议，赴境外高校或科研院所实际体验化学国际教育和科研的研究生人数仍然偏少。而到境外实地参加国际学术交流项目对深刻理解国际学术研究方法和形成全球化思维大有裨益。学校 2018 年开启“大川视界”出

国（境）访学项目，设立本科生和研究生访学专项基金，其宗旨是让所有学生在校期间有一次出境学习的体验。近几年化学专业研究生该项目的参与度不高，通过对毕业生及在读学生进行个别调研，发现其原因主要集中在交流项目与化学专业匹配度低和资助力度不够两方面。化学学科因其实验学科的特性，少有国外高校能定期提供为期几周的学术交流活动。基于“大川视界”项目的理念和精神，我们将积极与国外一流化学系所联系，探寻定制适合化学研究生参与的化学“大川视界”项目，制定相应的学院资助政策用于补充学校专项基金，鼓励学生积极参加境外学术交流。

（三）调动学生自主参与国际学术交流的积极性

研究生阶段的培养涉及具体研究方向，导师对学生参与联合培养或国际交流的专业指引更符合学生的专业兴趣，能精准提升学生国际学术水准。通过对比学院本科生和研究生国际化培养整体情况，我们发现本科生的参与积极性和参与比例都高于研究生，究其原因，主要是培养阶段的本质差异导致学生对国际学术交流的认知和需求不同。化学本科教育属于大类培养，学生处于对化学知识兼收并蓄的阶段，专业知识广泛但较为浅显，处于寻找和确认研究兴趣点的阶段，因此广泛参加以化学类国际课程、实验室科研体验、短期实习等为主的国际交流项目；而学生在研究生阶段已经确定了研究方向，对国际学术交流有更为明确的方向要求和更深层次的提升需求，对国际化的质量和收效期望较高，学校发布的常规项目很难满足学生的个性化需求。因此，在导师的支持和指导下参与的国际交流项目更符合研究生的实际需求，对大幅提升研究生的国际竞争力、精准培养研究生的学术创新能力和提升其国际交流水平具有更加积极的作用。

四、结语

研究生教育质量是创新型人才培养的关键（王超、李昂，2020），而在高等教育全球化发展的趋势下，与国际接轨的教学科研模式和评价体系对各学科人才国际化培养提出越来越高的标准和要求。化学学院立足学科本土发展进程的同时，积极借鉴国际同行高校的人才培养经验，对研究生国际教育现状和成效进行思考，将进一步拓宽国际学术交流渠道、提升学生参与国际学术交流的积极性作为切入点，从量和质两方面持续提升化学研究生国际化培养水平，提升一流化学人才培养质量。

参考文献：

霍少波. 高等教育国际化的两种取向［J］. 高教探索，2020（6）：13－22.

尚保强，秦帅. 浅谈研究生教育国际化的若干启示［J］. 科技文汇，2020（34）：10－11.

滕珺，张婷婷，胡佳怡. 培养学生的“全球胜任力”——美国国际教育的政策变迁与理念转化［J］. 教育研究，2018，39（1）：142－147.

王超，李昂. 国外研究生培养模式对我国研究生培养的启示人才培养［J］. 教育教学论坛，2020（2）：1－2.

文学，陈顺伟. 论新时代研究生教育国际化的三重逻辑［J］. 当代教育科学，2020（6）：75－77.

邹月辉，林金玉，孙法亮. 我国研究生教育国际合作与交流模式研究［J］. 教育教学论坛，2017（33）：46－47.

破“五唯”背景下研究生学位授予标准和机制研究*

吴凤丽

（四川大学研究生院　四川成都　610065）

摘　要：本文阐述了建立破“五唯”背景下的研究生学位授予标准和机制需处理的四个关系、需坚持的“三观”及遵循的原则，明确了破“五唯”背景下研究生学位授予的标准，提出建立以分类评价和专家评议为基础的研究生学位授予评价机制。

关键词：破“五唯”；研究生学位；标准；机制；创新能力；教育评价

一、问题提出的背景和意义

为深入贯彻落实习近平总书记在全国教育大会和2018年两院院士大会上关于教育的重要讲话精神，完善立德树人体制机制，扭转不科学的教育评价导向，坚决克服唯分数、唯升学、唯文凭、唯论文、唯帽子的顽瘴痼疾，从根本上解决教育评价指挥棒问题，2020年2月，教育部、科技部印发《关于规范高等学校SCI论文相关指标使用　树立正确评价导向的若干意见》；

---

* 本文系四川省学位与研究生教育学会研究课题资助成果，项目编号：2020ZD05。

2020年10月，中共中央、国务院正式发布《深化新时代教育评价改革总体方案》（以下称《总体方案》），要求各相关部门坚持问题导向，破立并举，推进教育评价关键领域改革取得实质性突破。研究生学位授予单位要落实贯彻通知和总体方案的精神，探索建立破“五唯”背景下的研究生学位授予标准和机制，但如何破“五唯”？如何破而立，如何立而行，如何行而通？如何破立并行？这些都是摆在各研究生学位授予单位面前的新的课题。

二、建立破“五唯”背景下研究生学位授予标准和机制遵循的原则

（一）建立破“五唯”背景下的研究生学位授予标准和机制需处理好的四个关系

《总体方案》指出，要改进结果评价，强化过程评价，探索增值评价，健全综合评价，充分利用信息技术，提高教育评价的科学性、专业性、客观性。因此建立破“五唯”背景下的研究生学位授予标准和机制不仅仅涉及研究生学位授予环节，还涉及研究生培养过程的各个环节，应着力处理好以下四个关系。

1. 教书与育人的关系

教师的职责不只是教书，更要育人。要坚持立德树人的根本任务，端正人才培养方向。突出强调育人原则与立场，将学生培养成“有理想、有本领、有担当”的时代新人，把学生能力的提升、科研创新力的增强、服务社会水平的提高作为重要参考因素，纠正个别教师重教书、轻育人的现象。

2. 研究生发表论文的质量与数量的关系

破“五唯”并非去“五唯”，“不唯”不等于“不要”。但我们要清醒地看到，我国研究生论文发表数量不少，但高水平成果不多。因此我们应从注重数量、追求速度转换到注重内涵、提高质量上来。这是我国高等教育“内涵式发展”的内在要求，是学

术发展的客观要求，也是破“五唯”要着力解决的难题。学术研究工作中的创新性、贡献度和影响力应成为更重要的标尺和学术评价的核心要素（刘超、沈文钦、李曼丽，2021）。

3. 培养目标与传统培养模式及方法的关系

《中华人民共和国学位条例》指出，硕士学位获得者应具有从事科学研究工作或独立担负专门技术工作的能力；博士学位获得者应具有在科学或专门技术上做出创造性成果的能力。因此，研究生教育的核心是培养具有创新能力的创新人才。而我们传统的研究生培养模式过于强调知识的传授和灌输，传统的教学方法单一，将理论和实践知识分开教学，学生接触实际问题少，解决实际问题的能力不足，导致学生主动学习、自主学习动力不足；教学内容过时，严重滞后于科技发展速度，使学生不能汲取最新知识，与创新性人才目标不匹配。

4. 研究生参与科研与教学的关系

目前研究生培养中对研究生教学有明确的学时学分要求，对科研素养的培育较为欠缺。研究生参与科研活动少，动手能力不强，提出问题、解决问题的能力得不到锻炼与培养。科研反哺教学成果差，导致教学科研相长作用不突出。因此应以学生发展为中心，树立科教融合的人才培养理念，使科研与教学有机地结合起来，发挥研究生的主观能动性，在教学科研中提升创新能力。

（二）建立破“五唯”背景下研究生学位授予标准和机制遵循的原则

教育的本质是培养人的活动。自有人类活动以来就有教育，它的职能是根据一定社会的要求，传递社会生产和生活经验，促进人的发展，培养社会所需要的人才。研究生教育，特别是博士生教育，就是要按照党的教育方针，培养既是纯粹科学的研究者和接班人，更是面向社会实践的有创造力的创新人才。在破“五唯”背景下，教育评价改革就是要突显评价中“人”的意义和价值。所以建立破“五唯”背景下研究生学位授予标准和机制遵循的原则就是要遵循教育发展规律和人才成长规律，坚持科学导向，积极扭转急功近利、心浮气躁的局面，全面落实立德树人的根本任务。

（三）建立破“五唯”背景下研究生学位授予标准和机制坚持的三观

明确了破“五唯”，建立研究生学位授予标准和机制应遵循的原则是立德树人，培养合格的建设者和接班人，那么在研究生的整个培养过程中就要坚持好以下“三观”。

1. 坚持人才成长观

要把研究生培养成为未来研究者、科学接班人、有创造力的创新人才，就必须坚持以德为先、能力为重、全面发展，坚持面向人人、因材施教、知行合一。要在坚定理想信念上下功夫，要在厚植爱国主义情怀上下功夫，要在加强品德修养上下功夫，要在增长知识见识上下功夫，要在培养奋斗精神上下功夫，要在增强综合素质上下功夫。这“两个坚持”和“六个下功夫”就是新时代科学的人才成长观的核心要义（汤丰林，2020）。

2. 坚持创新能力观

创新能力的培养是研究生培养的关键。在学术上，首创性是最高价值。对研究生，特别是博士生的评价主要看学术基础和能力，看在学术上是否有创新点及突出性贡献。而创新点主要包括为科学领域注入新知识、开发并使用新的科学研究方法、运用已有的研究方法探索新的领域（王亚克、Nurzhanat Ametbek，2021）。

3. 坚持过程质量观

研究生创新能力的培养是一个系统工程。提出问题、解决问题的能力是创新性人才的特征，从培养问题意识出发，培养和提升研究生的智力水平、交流能力、执行能力是培养创新性人才的落脚点（苏俊宏、徐均琪、吴慎将等，2021）。这就需要在研究生培养过程中，既加强传统理论知识教学，使学生有扎实深厚的基础知识，又把最新的科研成果融入课程教学、编入教材。同时要让研究生参与教师的科研项目，加强系统的科研训练。在科研训练中发现问题，思考问题，努力解决问题，提升研究生的综合实力，从而提高研究生培养质量。

三、破“五唯”背景下研究生学位授予标准和机制

研究生培养单位要更好地落实《总体方案》的要求和部署，进行研究生教育评价改革，推动研究生教育评价从“指挥棒”升级为“推进器”、从“检测站”转型为“加油站”（徐虹，2020），为促进研究生教育内涵式发展创造更多新动能。

（一）破“五唯”背景下的研究生学位授予标准

建立破“五唯”背景下的研究生学位授予标准和机制，不仅是结果评价的改革，也是过程评价的改革，涉及整个研究生培养、学位授予过程。研究生学位授予由以下三个维度组成：学位授予目标、学位授予标准、学位授予基础（见图1）。

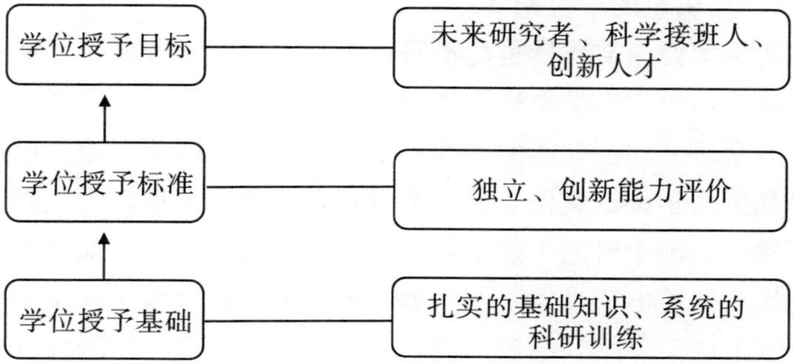

图1　研究生学位授予的维度

从图1可见，扎实的基础知识、系统的科研训练是研究生学位授予的基础；具有从事科学研究工作或独立担负专门技术工作的能力，做出创造性成果的能力（特别是博士学位获得者）是学位授予的标准；而成为未来研究者、科学接班人、创新人才是学位授予的目标。要实现学位授予的目标，要有相应的学位授予标准，而要达到学位授予标准就要加强研究生培养过程管理，使研究生有相应的能力。由此可以明确，破“五唯”背景下研究生学位授予标准即为评价其是否具有独立从事科学研究和技术工作的能力、是否有做出创新性成果的能力。

（二）破“五唯”背景下的研究生学位授予评价机制

依据上述研究生学位授予的目标和标准，坚决破除“五唯”，建立以专家评议和分类评价为基础的科学评价机制，改革研究生申请学位成果要求，是研究生教育评价改革的重要内容之一。

研究生学位授予标准是研究生学位获得者具有独立从事科学研究的能力、具有创新能力，那么如何衡量研究生是否具有一定的创新能力呢？答案是看其在申请学位时是否有高质量的学位论文或其学术成果是否达到一定要求。

1. 高质量的学位论文

明确学位论文质量是衡量研究生是否达到学位授予水准的主要依据。如研究生学位论文盲审后有多位同行认同其能反映有独立的科学研究和创新能力，即可申请学位。以四川大学为例，博士研究生的学位论文送5位盲审专家，如评审意见均为优秀即可申请学位；硕士研究生的学位论文送3位盲审专家，如评审意见均为优秀即可申请学位。四川大学近年来在提高博士学位论文质量方面采取了一系列措施，博士学位论文质量有了很大的提高。2019—2021年四川大学博士生首次5份盲审意见均为90分及以上的博士生数量见表1。

表 1　四川大学博士生首次 5 份盲审意见均为 90 分及以上的博士生数量

年份（年）	数量（人）
2019	19
2020	22
2021	31

从表 1 可见，近三年博士研究生学位论文评审优秀数量在逐年上升，博士研究生也在逐步向写出高质量的被专家认可的学位论文（即代表作）的方向努力。

专家评议在此评价中作用巨大，因此拥有一批合格、权威、负责任、评审合理的专家是关键。所以要建立评审专家评价信誉制度和覆盖全面的专家库。目前，教育部学位论文质量检测平台中的专家主要是各高校的教授、副教授。我们建议增加一些在企业或行业中有实践经验的教授级高工（高级经济师、高级会计师、编审等），关于学位论文中涉及的关键技术问题或论文对经济社会的实际贡献和实际应用效果，他们的意见更有权威性。

2. 学术成果达到基本要求

第一，破“五唯”前研究生申请学位成果要求呈现的特点。破“五唯”前各研究生培养单位对研究生申请学位成果要求采用的几乎都是格式化、数据化的模式，研究生发表几篇论文或 SCI 论文才可授位，“重论文轻育人”“重数量轻质量”，其结果就是研究生发表论文数量不少，但质量良莠不齐。同时一味追求发表论文，导致培养过程简单化、形式化，缺少个性化和生命力，从而导致研究生的科学研究缺少独创性、创新性，严重影响研究生培养质量。

第二，破“五唯”背景下研究生申请学位的成果要求。为坚决改变原来“SCI 至上”和“唯论文”的不良现象，学校重新制定研究生申请学位的学术成果规定，提出总体要求，各分委会、学科根据学校要求修订并细化符合本学科实际情况的研究生申请学位的学术成果具体要求。首先，要遵循学科发展规律，依据学科属性，丰富评价体系。对于基础学科，论文是成果产出的主要表达形式，评价重点是论文的创新水平和科学价值，不应把SCI论文相关指标作为直接判断依据。对于应用学科，评价重点是对解决生产实践中关键技术问题的实际贡献以及带来的新技术、新产品、新工艺。可适当拓宽申请学位的成果要求的范围，如高质量期刊论文、高质量会议论文、科技成果奖、国家行业标准（技术规范）、国家新药证书或国家国际发明专利等均可作为申请学位的资格条件。其次，对不同学位类型和不同学位层次要有不同的学位授予成果要求。

参考文献：

刘超，沈文钦，李曼丽．科研“松绑”与质量升级［J］．学位与研究生教育，2021（2）：8－14．

苏俊宏，徐均琪，吴慎将，等．科研赋能教学模式下研究生创新能力培养的探索与实践［J］．学位与研究生教育，2021（2）：36－39．

汤丰林．教育评价改革：从“破五唯”到“立五维”［J］．新教师，2020（20）：9－11．

王亚克，Nurzhanat Ametbek．土耳其博士生培养模式研究：以中东技术大学为例［J］．学位与研究生教育，2021（6）：80－86．

徐虹．教育评价“破五唯”，全过程拔高育人质量［N］．消费日报网，2020－12－16．

工程专业学位研究生教育培养体系的研究与探索

杜　晶

（四川大学研究生院　四川成都　610065）

摘　要：随着我国经济、社会、科技的发展进步，对高层次工程应用人才的需求日益增加。现行的工程研究生教育培养体系难以满足新时代、新技术发展的新要求，工程研究生教育改革创新势在必行。本文对目前工程专业学位研究生教育的现状与问题进行了分析研究，探索以工程专业为背景、职业胜任力为导向、产学研结合为途径、实践应用能力为重点的多主体协同的工程专业学位研究生教育培养体系，以期全面提升工程研究生教育培养质量，培养创新型、应用型、复合型的高层次工程技术人才与管理人才，促进工程研究生教育发展和工程科技产业进步。

关键词：工程专业学位；研究生培养；综合改革；产学研融合；应用型人才

一、引言

新时代我国经济和社会建设高速发展，急需工程专业高层次、高水平、高素质的科学人才、技术人才与管理人才。工程专业目前已成为国家高度重视、社会重点关注的规模最大、覆盖面最广的专业（周玲，2016）。为满足社会经济的重大需求、服务工程领域的创新发展，工程专业学位研究生队伍不断壮大，发展工程专业学位研究生教育势在必行。深化改革工程专业学位研究生教育体系，提高工程专业学位研究生教育质量，加快工程专业学位研究生教育的进步是学位与研究生教育教学改革发展的重点。

目前我国工程专业学位研究生教育已培养了数以万计的高层次工程技术人才，为工程领域改革创新与经济社会发展做出了重要贡献。但高速发展的经济、不断拓展的新兴产业领域以及学科交叉、知识融合的趋势都对工程专业学位研究生培养提出了新要求。然而，现行的与学术型研究生差异化不大的培养模式体系又难以满足培养高质量的创新型、应用型、复合型工程实践人才的需求。工程专业学位研究生教育需要形成独立成熟的教育体系和培养模式，充分展现工程专业学位研究生教育培养的特色。

二、工程专业学位研究生教育培养的现状与不足

（一）社会认可度

社会企业对工程专业学位研究生的认可度较低。以往工程专业学位研究生培养价值标准不清晰，职业导向性不准确，导致工程专业学位研究生缺乏实践应用经验，其技术能力不够、创新精神不足、职业意识淡薄，不能满足企业的需求与市场的需要（魏红梅，2016）。应加大高层次工程技术人才培养，充分体现实用性、技术性、创新性与复合性，提高社会认知度与认同度，服务社会经济建设发展。

（二）与学术型的区别

对工程专业学位研究生与学术型研究生的区别认识不足，在培养目标要求、课程设置、教学方式、培养模式以及评价体系上

未体现差异化和特色化（张磊、李婷、柳有权，2019）。未对工程专业学位研究生进行分类培养和分类评价，甚至其教育层次和培养标准较低，使得工程专业学位研究生培养质量得不到保证，趋于边缘化，不能满足新时代工程专业学位研究生教育发展的需要。

（三）生源与招生

生源方面，工程专业学位研究生社会认可度低、就业难、升学难，导致工程专业学位研究生生源不足。考生倾向于优先报考学术型研究生，且因为追求高分数，专业理论和工程实践技能锻炼严重不足。同时工程专业学位研究生招生录取机制不够完善，招生程序、考试内容、复试环节形式单一，与学术型研究生区别不大，未能体现工程专业人才培养对技术实践能力的要求。

（四）培养模式与课程教学

工程专业学位研究生与学术型研究生的培养模式差异不大，未根据国家和社会企业的需求，结合工程专业学位研究生的特点，设置符合工程专业学位研究生培养的具有针对性、特色性、实践性、创新性的新型复合型培养模式，未能达到工程专业学位研究生教育培养的目标要求。

在课程设置和教学方式方面，重理论、轻实践，对工程专业学位研究生的针对性、指向性不强。课堂以讲授为主，缺乏互动交流、案例讨论与技能操作，难以将理论和实践有机结合，不利于培养工程专业学位研究生的研究创造、改革创新以及解决工程实际问题的能力，无法适应行业的不断发展，无法满足企业的实际需要。

（五）评价考核体系

工程专业学位研究生与学术型研究生的教育模式和培养体系趋同，导致工程专业学位研究生的考核评价体系导向学术型，与学术型研究生考核评价无明显区别。重论文轻实践，考核指标过于固化，发表论文占比过高，未能体现工程应用导向。长期从事企业工程实践项目的研究生则难以达到考核要求，不利于增强工程专业学位研究生技术创新积极性与工程实践能动性。因此应改变以论文为主的评审方式，强调工程实践。对学位论文的评审、学位授予标准的制定、学术成果的申请条件等，创立新的工程专业学位研究生考核评价体系。

（六）师资力量

高校导师偏重理论，缺乏工程实践背景与经验，对行业企业的新研究、新思想、新技术、新设备、新手段、新发展缺乏学习了解与实际应用。同时由于考核指标重视论文、课题，降低了高校导师指导研究生实践应用的积极性和目标性。而企业导师由于指导时间、精力、渠道、方式以及教育经验不足等问题，难以完全介入工程专业学位研究生的整个培养过程。

（七）实训条件

政府、高校、企业联系不够紧密，导致工程专业学位研究生联合培养体系不够完善，缺乏多主体、多要素协同培养的长效机制（姚志友、董维春，2019）。政府方面的宏观调控和引导力度不够，相关政策不够完善；高校由于评价导向问题，合作积极性不高；企业则出于资金技术投入、商业机密保护、人才损失风险等考虑，参与不够深入。这就导致高校工程专业人才培养与企业实际需求脱节，理论与实践分离，培养的工程专业人才缺乏解决实际工程问题的经验和能力。同时高校的科研课题与企业的项目研究衔接不够紧密，无法共同开拓创新，难以产出解决实际问题的创造性成果，影响工程专业发展与经济社会进步。

三、创新工程专业学位研究生教育培养体系的途径探索

（一）明确培养目标，服务工程需求

为适应国家经济建设和社会发展，满足市场环境需求，国

家、政府、高校、行业、企业需多元投入，以工程需求、质量标准为引领，以职业发展、实践应用为导向，协同育人、协作共赢，培养具有优良的职业道德素养、系统的专业基础知识、扎实的实践应用技能、灵活的研究创造思维以及高效的组织管理能力的复合型、应用型和创新型的高层次工程技术人才。进行工程研发、攻关、规划、实施、改革与创新，解决工程技术领域的重大关键问题，推动工程技术进步与产业创新发展，服务国家、区域、行业和企业建设。

（二）注重培养差异，体现工程特色

注重工程专业学位研究生与学术型研究生的差异化培养。学术型研究生培养偏重研究型与理论型，重视科学研究、学术发展与理论知识的探索创新，主要培养高等学校的教学科研人员和研究机构的科学研究人才。工程专业学位研究生培养偏重应用型与实践型，重视专业技能、理论应用与工程技术的实践创新，主要培养行业企业的高层次工程技术人才与高水平工程管理人才。

工程专业学位研究生应突出工程教育的特色，具备扎实的理论知识、专业的工程技能、丰富的实践经验以及高水平的创新研究能力，将理论应用于实践，将科学知识转化为技术成果，实现工程型与学术型的有机结合（梁传杰、王卫华、刘勇波，2017）。

（三）提高生源质量，改革招生制度

1. 加大宣传力度，把握政策导向

提高工程专业学位研究生教育的社会知名度和认可度。使考生和社会各界了解工程专业学位研究生培养的目标、模式和体系，认识工程专业学位研究生教育在国家高层次人才培养的重要性以及工程专业学位研究生在社会经济建设和企业行业发展中的重要地位（万淼，2016）。

2. 改革招生制度，注重能力考核

建立工程专业学位研究生的考核标准和体系。在专业理论知识笔试分数外，更加关注专业实践能力的考核，考核组织形式可灵活多样，重点考察专业实践技能、创新创造思维、专业知识应用及解决问题的能力。

3. 校企共同把关，提高生源质量

企业参与整个招生考核环节，校企协作，共同把控生源质量。在学校和企业中加大宣传，吸引优秀生源。企业可推荐具有研究性、创新性的优秀工程技术人才继续学习深造，提高专业水平。高校应大力吸引具备良好基础知识与实践能力的推免生。同时实施企业定向招生培养模式与连读培养模式计划，进行连续性、特色性、针对性、全程性的人才培养。

（四）创新课程教学，构建新型模式

1. 培养模式

结合行业需求与领域前沿发展，将基础理论知识研究与专业技术实践应用相融合，采取集中和分类培养方式，进行基础理论、工程知识、实践应用、技术研发、职业素养、创新能力的培养，构建多主体、多要素协同参与，跨学科、跨机构、跨部门协同培养的新型模式。提升工程专业学位研究生的知识、能力和素养，适应新时代高端工程应用人才培养的需求，体现工程专业学位研究生教育培养特色。

2. 课程设置

加快工程专业学位研究生教育的教材建设，将理论知识与专业技能和实践应用有机融合，进行针对性、规范性、个性化、开放化的课程设置。建立由基础知识课程、专业理论课程、实际案例课程、研究方法课程、技能操作课程、专业实践课程、学科交叉课程以及专题前沿知识讲座等构成的多元化、模块化、系统性、专业性、交叉性、融合性、前沿性、实践性的综合人才培养课程体系。

3. 授课方式

授课形式灵活多样，开展基础理论教学、研讨式教学、讲座式教学、案例式教学、拓展实践式教学等（马宁、王燕凤，2017）。提高工程专业学位研究生教育的培养质量，使工程专业学位研究生具备扎实的工程专业基础知识、灵活的解决工程技术问题的能力以及开拓创新的探索精神。

行业的技术专家、科研团队可进入课堂，带领学生开阔视野，了解领域最新研究进展，掌握专业前沿知识技术。并在实践案例项目教学中交流讨论、团队协作，培养学生创新思维以及发现问题、分析问题、解决问题的能力。

利用现代网络技术，开展方便灵活、机动自主的远程教育，线上线下同步教学，不受时空限制，可进行教师远程指导、师生交流探讨、校内外优秀资源共享（屠远、张建斌，2019）。

4. 案例库建设

推进落实工程专业学位研究生教学案例库建设与共享，丰富案例库内容，提高案例教学水平。使教学理论知识与工程实践应用有机结合，从案例教学中发现问题、讨论问题、解决问题、提供方案，培养工程专业学位研究生解决工程技术和工程管理实际问题的能力，培养工程专业实践应用型人才。

5. 任职资格衔接

国家、社会、企业和高校共同积极探索，努力推进职业资格认证制度，使工程专业学位研究生培养与工程领域职业资格、从业资格相互衔接、有效结合，满足社会发展与行业企业的需求，且与国际接轨，培养具有国际视野与知识储备的高层次工程技术人才（顾姗姗、朱建达、邵永健，2018）。

（五）制定考核标准，完善评价体系

为不断促进工程教育改革发展，保障工程教育培养质量，应规范工程专业学位研究生培养考核标准，健全人才培养评价体系。严格制定工程专业学位授予标准，提升学位论文水平，完善论文答辩制度，保障学位授予质量与研究生培养成效。

工程专业学位研究生论文选题应注重针对性、实践性、应用性、先进性，结合工程实际和工程背景的国家重大科技专项和重大工程技术问题，强调科技知识的应用，重视工程技术实践，并积极进行探索创新。

研究成果可多元化、多维度、多形式，如产品研发、规划设计、技术改造、项目管理、调研报告、应用研究等（干勤、柏伟，2014）。做到将理论与实践相联系，学用结合，学以致用，具有一定的经济价值、社会价值与应用价值。

工程专业学位研究生考核要根据专业特点，细化、量化、个性化考核内容，制定科学合理的考核指标，“双导师”严格把关，考核工程专业学位研究生是否具有系统深入的专业基础理论知识，能否运用这些科学知识解决工程重大实际技术问题，是否具备独立研发的能力与探索创新的精神，能否创造出对经济社会发展具有重要理论意义和现实意义的价值成果。

（六）优化师资力量，落实联合指导

导师是研究生培养质量的关键，高质量的研究生培养依赖于高水平的研究生导师队伍。应建立多元化的导师队伍，在工程专业学位研究生教育培养中实行“双导师”联合指导制度，加强校内导师与校外导师之间的密切联系，建立不同分工、相互合作、协同育人的新型培养模式，不断优化导师队伍建设（刘丽艳、秦春生，2016）。

校内导师应具备丰富的高等教育能力与高水平的科学研究能力；通过理论指导、实践教学以及进行科研项目课题研究等，帮助学生掌握工程专业基础理论知识，培养创新思维与科研能力。校外导师应为具备丰富的工程实践经验、高水平的工程业务能力和一定教学能力的高层次企业技术人才，通过实际工程项目指导工程专业学位研究生将理论应用于实践，在实践中巩固所学知识，提高工程实践和改革创新力。

校内导师可到企业中学习实践锻炼，在科研课题与工程项目中提升自我工程实践能力。校外导师也可通过导师培训等提升理论知识与教育指导水平。校内校外导师优势互补，整合丰富的工程教育经验与实践经验，协同育人，共同指导工程专业学位研究生的学习、科研与实践，提升科学研究能力与工程应用能力。

（七）加强校企合作，推进产教融合

实践是工程专业学位研究生教育的关键、核心和特色。高校应引导学生在实践中巩固理论专业知识，锻炼其分析解决工程实际问题的能力，提升其工程技术操作水平，培养其科研思维与创新创造力，全面提升工程专业学位研究生的综合素质，为国家社会培养高层次工程技术人才。

推动校内实践，依托国家级科研平台和重点实验室，建立实践基地。结合导师的科研课题及联合研发项目，集中和分段开展校内实践，进行创新研究，提升实践应用能力。

拓展校外实践，高校和企业加强合作，充分利用高校的学术教学资源和企业的工程实践经验，将人才培养与实际需求相结合，建立产教融合的研究生联合培养基地与多方育人产学研创新实验交流平台。

在政府政策的协调引导支持下，将高校的先进专业理论与企业的高端实践经验相结合，构建多主体协同培养模式，把产教融合长效机制落到实处，培养复合型、应用型、创新型人才。落实校企实质性合作和产教融合，加强高校科研课题与企业研究项目的衔接，共同开发高质量的创造性研究成果，促进工程领域研究的开拓创新。

同时为满足区域社会发展建设需要，高校与区域企业加强联系，利用高校的教育资源与企业的社会资源，培养能分析实际问题、解决实际问题的高端工程技术人才，服务地区经济发展，实现校企优势互补，互利共赢，共同发展。

（八）建设制度体系，严格规范管理

为保障工程专业学位研究生的培养质量，实现为社会企业输送高层次高水平工程专业人才的目标，要建立切实可行的管理制度体系。从招生录取、培养方案、课程教学、论文指导、实践实习、毕业答辩、就业规划等各方面制定科学规范的管理制度与评价标准体系（黄宝印，2019）。全面提升工程专业学位研究生的水平，培养高质量的工程专业高端人才，促进工程专业学位研究生教育深入发展。

四、结语

深入探索工程专业学位研究生教育培养模式，提高工程专业学位研究生教育培养质量是我国学位与研究生教育改革的重要举措。通过明确工程专业学位研究生培养目标、改革招生体制、制定培养方案，完善课程设计与教学方式，创新考核评价标准，施行联合导师指导制度，建设校企联合培养基地以及严格的管理规范，构建系统的工程专业学位研究生教育培养体系，强化工程专业学位研究生的培养特色。这些工作对促进工程专业学位研究生教育的不断进步、社会经济的快速发展、工程领域的改革创新具有非常重要的意义。

参考文献：

干勤，柏伟．服务特需　职业导向　创新工程硕士专业学位研究生培养模式［J］．学位与研究生教育，2014（8）：14－18．

顾姗姗，朱建达，邵永健．专业学位研究生教育与职业资格认证相衔接的路径探析［J］．高等农业教育，2018（4）：100－104．

黄宝印．探索构建研究生教育质量指数　创新研究生教育质量检测与评价方法［J］．学位与研究生教育，2019（7）：1－4.
梁传杰，王卫华，刘勇波．工程硕士培养模式综合改革与实践——以武汉理工大学为例［J］．学位与研究生教育，2017（10）：5－9.
刘丽艳，秦春生．协同与融合：全日制教育硕士研究生培养中的双导师制研究［J］．学位与研究生教育，2016（12）：54－58.
马宁，王燕凤．全日制工程硕士专业学位研究生培养的实践教学探索［J］．教育教学论坛，2017（5）：226－228.
屠远，张建斌．构建工程类专业学位硕士研究生动态课程体系研究［J］．管理观察，2019（1）：140－141.
万森．知识生产模式转型与我国专业学位教育人才培养模式创新研究［J］．学术论坛，2016，39（6）：171－175.
魏红梅．“新常态”下我国专业学位研究生教育改革的创新探索［J］．学位与研究生教育，2016（3）：15－20.
姚志友，董维春．我国专业学位研究生教育改革路径探索——一个整体性教育的视角［J］．学位与研究生教育，2019（11）：7－13.
张磊，李婷，柳有权．新形势下我国专业学位硕士研究生教育问题思考［J］．教育教学论坛，2019（24）：207－209.
周玲．工程硕士专业学位研究生教育质量保障体系的研究与探索［J］．长春工学学院学报，2016，17（2）：90－92.

高校学生社区研究热点及发展趋势探析

雷子慧

（四川大学文学与新闻学院　四川成都　610207）

摘　要： 高校学生社区被认为是实现立德树人、协同育人的重要空间载体。为宏观把握中国高校学生社区研究热点及发展趋势，本文运用 CiteSpace 软件分析中国知网数据库中 1999—2022 年共计 499 篇文献，采用文献计量分析方法对年发文量、期刊来源、关键词等指标进行分析。结果表明：该研究领域的发文总量呈波动上升的态势，当前研究热点聚焦在四大主题——高校学生社区兴起的时代背景及内涵、高校学生社区的特点和功能、高校学生社区建设与管理的主要内容及高校学生社区管理模式实践探索。本文结合关键词共现、聚类和时区图谱分析，对我国高校学生社区的未来发展趋势进行了展望。

关键词： 高校学生社区；文献计量；信息可视化

一、引言

高校学生社区作为高校教育体制改革和后勤社会化运行模式的产物，兼具学校管理单元与学生学习生活共同体双重角色及属性（史龙鳞、陈佳俊，2021），是新时代思想政治工作创新实践的重要阵地，是提升思想政治工作质量的重要载体和抓手（王懿，2022)。20 世纪 90 年代末以来，我国学者聚焦高校学生社区研究，现已形成较为丰富的研究成果。研究表明，学生社区已成为大学生追求归属感、成就感和接受思想政治教育、实现全面发展的重要场域（史龙鳞，2021)。为适应时代变化及人才培养要求，充分发挥高校学生社区管理育人功能，构建“三全育人”新格局，促进学生全面发展，本文深入分析高校学生社区研究的热点与前沿。探析这一问题有利于破解高校学生社区建设与发展的现实困境，对提升高校管理水平、培养担当民族复兴大任的时代新人具有重要意义。

二、数据来源与分析方法

（一）数据来源

为全面、深入、精确地把握学者对高校学生社区建设的研究程度，本文以“高校学生社区”为关键词在中国知网（CNKI）数据库中进行主题检索，共获取 804 篇文献（截至 2022 年 2 月)。本文选择文献类型为学术期刊论文，经过数据去重和整理得到 499 篇，时间跨度为 1999 年至 2022 年。

（二）研究方法及工具

本文采用文献计量分析方法，利用 Citespace 5. 8. R3 软件对检索的 499 篇文献中的期刊来源、关键词、关键词共现图谱和热点聚类等进行可视化分析，旨在准确地识别高校学生社区研究领域的现状及发展趋势，为未来的高校学生社区建设及管理提供参考和借鉴。

三、高校学生社区研究的可视化分析

（一）文献年度分布

发文数量随时间的变化反映了该领域的发展态势。由图 1 可知，高校学生社区研究数量整体呈上升态势，可进一步细分为缓

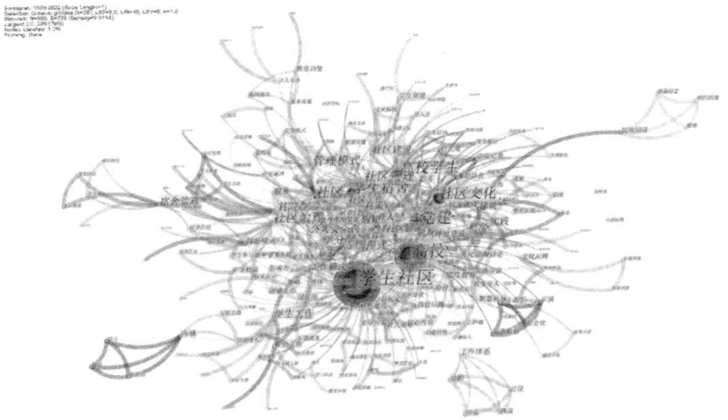

图 2　高校学生社区研究的关键词共现网络

表 2　1999—2022 年高校学生社区研究领域前 10 位关键词词频统计

序号	关键词	中介中心性	频次
1	学生社区	0.67	178
2	高校	0.26	124
3	党建	0.16	68
4	高校学生	0.14	51
5	社区文化	0.09	49
6	学生宿舍	0.08	38
7	社区	0.09	32
8	社区治理	0.07	21
9	社区管理	0.06	19
10	管理模式	0.07	14

2. 关键词聚类分析

在关键词共现的基础上（图 2），对关键词进行聚类分析，对每个聚类进行自动标识，并通过设置在 56 个聚类结果中筛选显示前9个聚类结果，从而把握研究的主题和热点问题。同时，根据对数似然率算法LLR，得出关键词聚类结果（图3），其中聚类模块值（Modularity）Q=0.5555（Q>0.3），说明其聚类结构显著，聚类平均轮廓值S值（Mean Silhouette）=0.8669（S>0.5），说明其聚类结构较好。从以上两个数值可以看出，高校学生社区研究的关键词聚类结构较为合理、显著。通过分析可从以下四个方面阐释聚类结果。

一是高校学生社区兴起的时代背景及内涵界定。从聚类#0、#2、#7可以看出受高等教育理念变化、高校教育管理体制改革和后勤社会化改革影响，高校学生社区应运而生（方婷，2006）。高校学生社区是指以学生宿舍为中心，包括学生食堂、文化活动场所、公寓、宿舍区、商业服务网点等在内的课堂学习外的生活、休息、学习、交往、娱乐、个体及群体活动的特定区域（时长江，2004）。二是高校学生社区的特点和功能。聚类#0和#4对比可知，与一般社区相比，高校学生社区呈现出如下四个鲜明的特点：①主体的青年性；②主体的集群性；③社区活动的规律性；④社区环境的可塑性（时长江、徐绪卿，2003）。高校学生社区担负着生活服务、文化育人、思想政治教育、素质扩展等多项功能（李亮、张红兵，2010）。三是高校学生社区建设与管理的主要内容。聚类#1、#3、#6、#7揭示了学生日常事务工作、社区党建、社区文化和学生宿舍是高校学生社区建设和管理的重要抓手（赵建平，2016；王寓凡、杨朝清，2019）。四是积极探索高校学生社区管理模式。转变服务理念，确立“系统规划、循序渐进、促进自治”的基本原则，以学生发展为核心搭建职责分工明确的管理组织体系，加强制度建设，建设健康向上、丰富多彩的社区文化，快速推进社区管理手段信息化、智能化（吴海融、林庆祥，2001；陈晓斌，2013；洪雷、张佩，2017）。

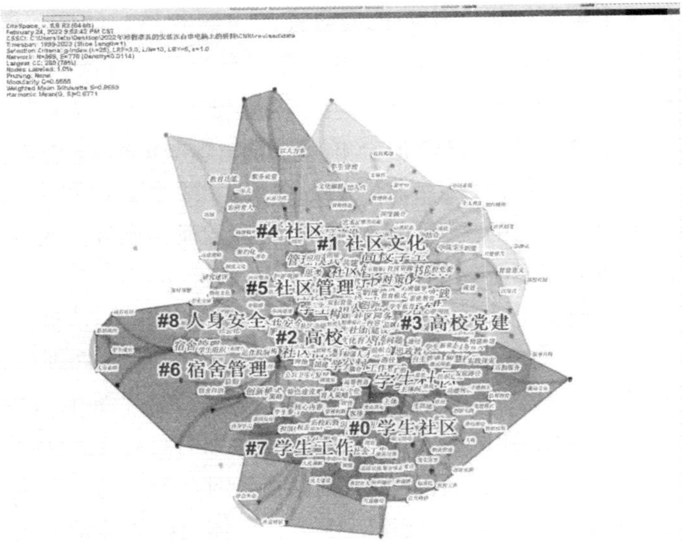

图 3　高校学生社区研究的关键词聚类

（二）发展趋势分析

为了更形象地揭示高校学生社区研究在不同发展阶段的演变历程，本文在关键词聚类的基础上加入时间维度，将关键词对应其出现的相应年份，绘制了关键词时区图谱（图 4）。

由图 4 可知，1999—2003 年是高校学生社区研究的起步阶段，随着高等教育的发展，传统的宿舍教育区的内涵已远远落后于形势，应重新定位宿舍区功能，转变以往对宿舍区的认识，树立“学生社区”的新理念，并将高校学生社区与社会的居民社区作对比研究，凸显高校学生社区育人功能（时长江、徐绪卿，2003）。刘静萍等（2003）指出学生社区党建工作面临的障碍，提出了完善学生社区党建工作的思路及深化学生社区党建工作的保障措施。李永松（2003）指出学生社区不仅是学生的栖身之地，也是培养学生成才的重要场所，对学生社区“文化绿洲”建设进行了初探（李永松，2003）。

2004—2012 年是高校学生社区建设的一个高峰期，这一时期的研究内容侧重于从管理到治理，即对高校学生管理新范式进行实践探索，如学者任和平归纳了当前高校学生社区管理的四种模式：①社会化后勤为主，学校其他部门跟进的管理模式；②学校后勤为主，学校其他部门跟进的管理模式；③学校学工口为主，学校后勤等其他部分跟进的管理模式；④成立学校专门的社区学院（处级单位）的管理模式（任和平，2010）。又如曹安等（2012）指出了我国高校学生社区管理中存在的主要问题，并提出新时期高校学生社区管理新范式，切实改变传统管理模式；学生参与，积极鼓励学生参与治理；明确权责，真情回应学生利益诉求；信息公开，建立完善的监督考核机制。

2013—2018 年高校学生社区进入一个快速发展阶段，实践探索过程中书院制学生社区管理模式应运而生。充分践行通识教育理念，同时发挥书院社区和专业学院的作用，统筹党团组织、辅导员、导师、管理服务人员等管理资源，对学生实施课内外联动培养。随着互联网技术的发展，为适应时代发展的要求，近几年，国家开始实施“互联网＋社区”的计划，提出基于信息化、智能化的一种新的社区管理模式——智慧社区。在此背景下，推进学生网格化管理是促进高校创建和谐平安校园，提升校园治理体系与治理能力现代化的一种有效途径（洪雷、张佩，2017）。

2019 年至今，为加强党建引领、落实立德树人根本任务、构建“三全育人”格局的重要载体，教育部加速推动“一站式”学生社区建设。依托书院、宿舍等学生生活园区，探索学生组织形式、管理模式、服务机制改革，推进党团组织、管理部门、服务单位等进驻园区开展工作，把校院领导力量、管理力量、服务力量、思政力量调动到教育管理服务学生一线，将园区打造成为集学生思想教育、师生交流、文化活动、生活服务于一体的教育生活园地。目前，高校“一站式”学生社区建设正处在试点单位由点及面、快速增长、全面推广的战略实施关键阶段（王懿，2022）。史龙鳞和陈佳俊（2021）以浙江大学为例，对其“一站式”学生社区协同育人机制进行了深入研究，为其他高校学生社区建设发展提供了借鉴，刘文博和陈城（2021）强调新时代高校应从管理理念、主体、机制、技术、评价等方面入手，深化高校学生社区管理育人“五位一体”的进路研究，着力培养担当民族复兴大任的时代新人。

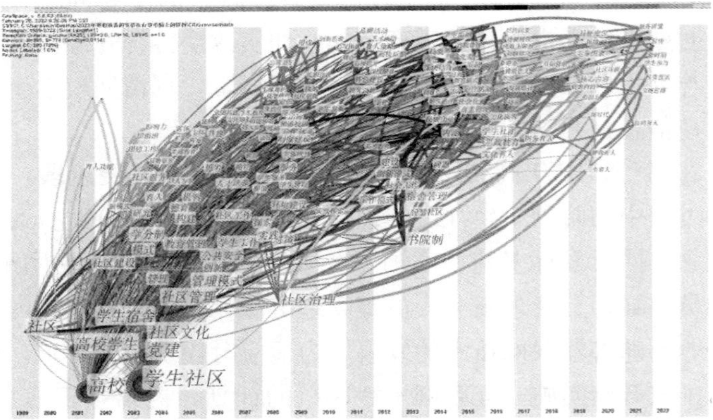

图 4　高校学生社区研究的演进趋势

五、小结与展望

本研究运用 Citespace 5.8.R3，采用文献计量的方法，对1999—2022 年高校学生社区研究领域的年发文量、期刊来源、关键词等指标进行可视化分析，并绘制了关键词共现、关键词聚类及关键词时区图，基于研究热点和发展趋势分析，本文作如下几点预测。

第一，高校“一站式”学生社区建设研究将会爆发式增长。

在国家宏观政策支持引领层面，2019 年 1 月教育部思政司委托西安交大、华中科大等 10 所高校开展“一站式”学生社区综合管理模式试点探索；2019 年 2 月教育部召开思想政治教育工作专题会议，提出推行“一站式”学生社区综合管理改革；2020 年 4 月，教育部等八部门联合颁布的《关于加快构建高校思想政治工作体系的意见》中指出要推动“一站式”学生社区建设。“一站式”的概念源自西方，21 世纪初，以德国为代表的欧洲国家开始了聚合行政资源，开启了公共服务一体化的改革创新。在我国，伴随着机构改革和科学技术的发展等对行政效率的关注，行政改革中的一站式服务也渐次展开。“简政放权、放管结合、优化服务”成为每一个地方政府行政改革的目标。这一理念追求也在高校落地生根，许多共性事务得以迁移到一站式学生事务中心，简化了流程，在很大程度上释放了学工队伍的精力（吴杰，2021），值得大规模推广。

第二，学科融合将愈加明显。从科学发展的进程来看，多学科交叉融合是创新性发展的重要路径。思想政治教育学内在的、非显性的学科属性是交叉性，故而融合心理学、管理学、传播学等学科的理论成果与精髓，以跨学科的视角分析问题，以创新的思维解决问题是提升思想政治教育的有效途径（王仓、孟楠，2019）。例如，研究者尝试将学生工作理念、心理专业支持和社区管理实际相结合，探索基于生活社区的大学生心理健康教育新模式，以期增强心理健康教育学生三级网络建设的实效性和提高危机干预体系的运作效率（许静、杨秀君，2017）；高校社区作为大学生最主要的生活学习场域，其社区文化影响着大学生价值观念的形成和行为品格的塑造。一定程度上，高校学生社区文化建设同思想政治教育具有耦合性。有学者倡导将高校学生社区文化建设纳入思想政治教育领域进行研究，推进高校学生社区文化建设与思想政治教育的有机融合，将其视为夯实高校学生社区文化建设理论基础、推进校园文化建设的有效路径，以及未来推进思想政治教育工作机制改革创新的重要策略（贾森惠，2020）。

第三，研究手段将更加多元。大数据时代的到来为各学科领域的信息化、智能化建设提供了强有力的技术支撑。尽管目前通过构建社区信息化服务平台、社区第二课堂智慧平台、依托学生数字画像开展精准思政，以互联网思维驱动社区治理效能提升的研究成果还较少，但研究手段多元化的发展趋势不可阻挡（王懿，2022）。

参考文献：

曹安，郑伟，童程遥．从管理到治理：高校学生社区管理新范式探析［J］．山西高等学校社会科学学报，2012，24（9）：102－104.

陈晓斌．新型书院制：高校学生社区管理模式探索［J］．教育探索，2013（8）：96－99.

方婷．我国高校学生社区管理发展进程的回顾和展望［J］．黑龙江高教研究，2006（1）：101－103.

洪雷，张佩．大数据背景下的高校学生网格化管理模式构建［J］．现代教育管理，2017（12）：96－101.

贾森惠．思想政治教育视域下高校学生社区文化建设研究［J］．高校后勤研究，2020（10）：67－69.

李亮，张红兵．高校学生社区管理探究［J］．理论月刊，2010（11）：173－175.

李永松．深化高校宿管改革 建设学生社区“文化绿洲”［J］．中国高校后勤研究，2003（2）：75－76.

刘静萍，徐茵，邓建平，等．对高校学生社区党建工作的研究［J］．宁波职业技术学院学报，2003（3）：72－75.

刘文博，陈城．新时代高校学生社区管理育人的内涵及实现进路［J］．学校党建与思想教育，2021（23）：67－70.

任和平．社区管理机制创新：突破高校学生思想政治教育瓶颈的新选择［J］．中国农业教育，2010（5）：36－38.

时长江，徐绪卿. 论高校学生社区独特的育人功能［J］. 高等工程教育研究，2003（6）：37－40.

时长江. 高校学生社区教育管理模式的构建［J］. 高等工程教育研究，2004（5）：71－73.

史龙鳞，陈佳俊. 新时代高校学生社区协同育人的机制研究——基于浙江大学“一站式”学生社区综合管理模式的观察［J］. 思想教育研究，2021（3）：149－154.

史龙鳞. 场域理论视角下高校学生社区建设——基于教育部“一站式”学生社区综合管理模式建设试点案例分析［J］. 高校辅导员，2021（3）：57－61.

王仓，孟楠. 思想政治教育的跨学科创新研究［J］. 广西社会科学，2019（4）：184－188.

王懿. 高校“一站式”学生社区建设的价值意蕴、现实问题与实践理路［J］. 思想理论教育，2022（2）：107－111.

王寓凡，杨朝清. 空间视域下高校学生社区情感共同体建设［J］. 中国青年研究，2019（2）：20－26.

吴海融，林庆祥. 依托学生社区构建思想政治教育新平台［J］. 中国高等教育，2001（18）：20－21.

吴杰. “一站式”学生社区建设的逻辑理路与比较路径［J］. 理论观察，2021（11）：102－105.

许静，杨秀君. 高校社区管理员心理健康观研究［J］. 教育文化论坛，2017，9（4）：39－43.

赵建平. 问题与对策：高校学生社区文化建设的若干思考［J］. 中国成人教育，2016（6）：55－57.

以评促建，推动内涵式发展

——以四川大学第四轮学科评估“师资队伍与资源”数据为例*

简　丽

（四川大学发展规划处　四川成都　610065）

摘　要：学科建设是高校建设发展的龙头和主线，是推动内涵式发展的基础和平台。本文以四川大学参评教育部第四轮学科评估“师资队伍与资源”数据为例，系统分析综合性大学虽综合却没有优势、专业布局虽大却不突出等问题，提出要以规划为引领，提升师资队伍与资源，重视学术传承，合理布局人才梯队，扩大学科影响力和竞争力，为高质量、可持续发展集聚要素、激发动力，以优异成绩为高等教育内涵式发展做出贡献。

关键词：学科建设；学科评估；师资队伍；内涵建设

1995 年《“211 工程”总体建设规划》的发布标志着“211 工程”正式启动。1999 年《面向 21 世纪教育振兴行动计划》宣布“985 工程”正式启动。国家通过实施“985 工程”“211 工程”“基础学科振兴行动计划”跨学科拓展平台、“2011 计划”等专项建设，不断提升学科竞争力和国际影响力。2015 年 10 月

* 本文系四川大学党政服务研究项目。

发布的《关于印发统筹推进世界一流大学和一流学科建设总体方案的通知》中，做出了建设世界一流大学和一流学科，实现从高等教育大国到高等教育强国历史性跨越的重大战略决策，标志着“双一流”建设正式启动。2017 年 9 月，公布世界一流大学和一流学科建设高校及建设学科名单，其中一流大学建设高校 42 所、一流学科建设高校 95 所。

当下研究集中于行业性大学和地方大学，较少对综合性大学进行分析和总结。本文针对学科评估如何在学科发展中发挥积极推动作用与正确导向作用，以四川大学第四轮学科评估“师资队伍与资源”数据为例，分析综合性大学虽综合却没有优势、虽大却不突出的专业布局，以期为进一步推进高峰学科建设，力争为一批学科率先进入世界一流学科行列提供参考。

一、相关基础数据统计和分析

本文中“师资队伍与资源”数据根据教育部第四轮学科评估结果和学位与研究生教育发展中心向我校提供的学科分析报告分析形成。通过分析各学科在第四轮学科评估中的表现情况和第四轮评估结果中相关要素指标，为学科内涵建设提供参考依据。

我校各学科“师资队伍结构”情况见表 1。

表 1　我校各学科“师资队伍结构”情况

学科门类	学科代码及名称	青年教师比例	博士学位比例	正高职称比例	副高职称比例	海外经历比例	外籍教师比例	骨干教师年龄
文科	0501 中国语言文学	46.6%	95.5%	55.7%	25.0%	52.3%	5.7%	54
	1201 管理科学与工程	61.7%	89.4%	27.7%	48.9%	31.9%	2.1%	38
	0305 马克思主义理论	53.8%	44.6%	13.8%	43.1%	1.5%	0.0%	46
	1202 工商管理	50.8%	84.1%	39.7%	42.9%	30.2%	0.0%	46
	1204 公共管理	72.6%	100.0%	40.3%	35.5%	51.6%	14.5%	48

续表 1

学科门类	学科代码及名称	青年教师比例	博士学位比例	正高职称比例	副高职称比例	海外经历比例	外籍教师比例	骨干教师年龄
文科	1304 美术学	33.3%	19.0%	52.4%	23.8%	14.3%	0.0%	51
	0301 法学	41.8%	70.1%	37.3%	43.3%	25.4%	0.0%	49
	0502 外国语言文学	50.6%	62.4%	29.4%	43.5%	100.0%	18.8%	48
	0601 考古学	71.4%	92.9%	25.7%	32.1%	53.6%	0.0%	45
	0602 中国史	45.0%	95.0%	45.0%	37.5%	42.5%	50.0%	50
	0503 新闻传播学	64.2%	90.6%	39.6%	30.2%	28.3%	1.9%	48
	1301 艺术学理论	33.3%	31.3%	31.3%	52.1%	8.3%	2.1%	45
	0603 世界史	44.0%	88.0%	64.0%	16.0%	76.0%	0.0%	50
	0101 哲学	54.4%	82.5%	42.1%	35.1%	24.6%	3.5%	48
	0201 理论经济学	56.1%	80.5%	41.5%	46.3%	58.5%	7.3%	49
	1305 设计学	69.2%	34.6%	19.2%	34.6%	46.2%	0.0%	49
	0302 政治学	47.5%	75.0%	40.0%	42.5%	50.0%	0.0%	50
	0202 应用经济学	45.6%	73.7%	31.6%	43.9%	59.6%	0.0%	45
	0304 民族学	54.3%	100.0%	45.7%	34.3%	40.0%	8.6%	47
	1205 图书情报与档案管理	40.6%	43.8%	40.6%	40.6%	34.4%	0.0%	46
	0303 社会学	53.8%	92.3%	38.5%	42.3%	61.5%	7.7%	44
理科	0701 数学	59.6%	97.4%	40.4%	35.1%	75.4%	1.08%	47
	0703 化学	64.8%	91.8%	50.0%	37.7%	62.3%	0.8%	43
	0710 生物学	44.2%	98.1%	57.7%	40.4%	80.8%	13.5%	47
	0713 生态学	53.5%	100.0%	56.7%	26.7%	50.0%	3.3%	44
	0702 物理学	63.1%	97.6%	50.0%	39.3%	72.6%	9.5%	47
	0714 统计学	68.0%	88.0%	48.0%	40.0%	72.0%	0.0%	41
	0711 系统科学	42.3%	76.9%	26.9%	61.5%	19.2%	0.0%	42
工科	0831 生物医学工程	64.0%	95.3%	52.3%	37.2%	62.8%	3.5%	47
	0817 化学工程与技术	52.2%	80.9%	39.7%	41.2%	41.9%	0.0%	49
	0835 软件工程	78.4%	87.8%	37.8%	27.0%	59.5%	4.1%	46
	0805 材料科学与工程	60.8%	85.3%	49.7%	37.8%	56.6%	0.7%	50

续表 1

学科门类	学科代码及名称	青年教师比例	博士学位比例	正高职称比例	副高职称比例	海外经历比例	外籍教师比例	骨干教师年龄
工科	0830 环境科学与工程	62.7%	91.5%	48.9%	36.2%	68.1%	0.0%	47
	0812 计算机科学与技术	61.0%	75.2%	36.2%	33.3%	48.6%	2.9%	46
	0815 水利工程	69.3%	95.0%	35.6%	38.6%	26.7%	0.0%	46
	0803 光学工程	60.0%	86.7%	36.7%	50.0%	46.7%	0.0%	42
	0814 土木工程	64.2%	79.1%	26.9%	40.3%	38.8%	1.5%	45
	0810 信息与通信工程	53.7%	85.4%	36.6%	39.0%	36.6%	0.0%	45
	0802 机械工程	57.1%	80.2%	28.6%	39.6%	35.2%	0.0%	47
	0822 轻工技术与工程	40.4%	66.7%	35.1%	38.6%	35.1%	1.8%	46
	0801 力学	65.2%	91.3%	41.3%	30.4%	37.0%	2.2%	46
	0808 电气工程	52.1%	75.0%	33.3%	43.8%	43.8%	0.0%	45
	0827 核科学与技术	66.0%	91.5%	48.9%	36.2%	68.1%	0.0%	47
	0833 城乡规划学	73.3%	73.3%	16.7%	43.3%	36.7%	6.7%	47
	0804 仪器科学与技术	54.1%	83.8%	21.6%	37.8%	40.5%	0.0%	43
	0832 食品科学与工程	77.1%	85.7%	28.6%	28.6%	17.1%	0.0%	43
	0807 动力工程及工程热物理	64.9%	83.8%	32.4%	35.1%	35.1%	0.0%	47
	0834 风景园林学	60.0%	44.0%	8.0%	44.0%	28.0%	0.0%	43
	0809 电子科学与技术	50.0%	90.0%	46.7%	33.3%	50.0%	0.0%	45
	0811 控制科学与工程	60.8%	66.7%	17.6%	51.0%	37.3%	0.0%	44
	0821 纺织科学与工程	47.6%	52.4%	21.4%	40.5%	33.3%	0.0%	47
医科	1003 口腔医学	74.0%	97.4%	38.5%	32.8%	78.6%	4.2%	47
	1011 护理学	70.4%	12.8%	10.6%	31.4%	11.1%	0.0%	48
	1002 临床医学	73.4%	64.5%	24.9%	27.2%	19.6%	0.4%	46
	1007 药学	58.3%	80.6%	41.7%	34.7%	55.6%	0.0%	44
	1006 中西医结合	75.0%	53.6%	33.3%	20.2%	32.1%	0.0%	44
	1001 基础医学	57.4%	74.3%	32.4%	33.8%	64.7%	1.5%	48
	1004 公共卫生与预防医学	67.9%	80.2%	43.2%	28.4%	85.2%	2.5%	47
全校总体		64.1%	72.9%	32.8%	33.6%	38.6%	1.9%	46

我校各学科“生师比”（在校研究生数/专任教师数）情况见图1。

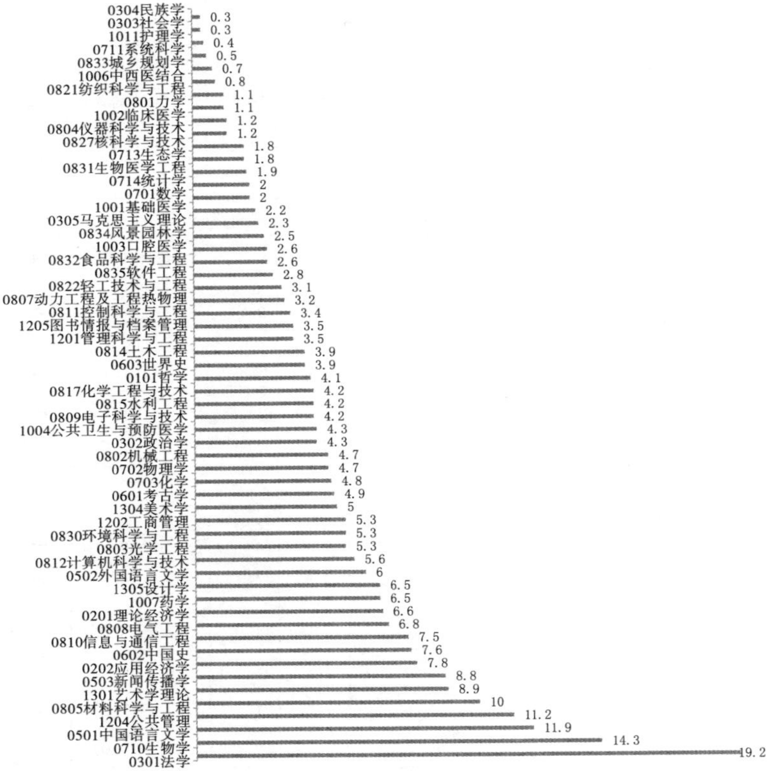

图1　我校各学科“生师比”情况

注：生师比越小说明教师资源越充足。

二、以评促建，推动学科建设发展

学科评估是指一级学科整体水平评估。评估的目的是服务大局、服务高校、服务社会。学科评估已日益成为专业建设、人才培养、学科水平的重要参考，是对一个大学评价的重要标准。

第五轮学科评估的评分环节是对各个部分分别评分。过去对师资队伍的评价多是看学校有多少长江学者、多少两院院士等，但对学科的师资队伍水平的考察是不全面的。第五轮学科评估与前四轮相比，在评估方式、评估内容方面有了明显变化，各个单项指标要求也大有不同，更重质量而非数量。将师德师风作为评价教师的第一标准，以“队伍总体结构与代表性教师相结合”的方法考察教师队伍质量，重视青年教师队伍情况。重点考察学科整个师资队伍的结构质量，既看学术头衔，更看整个师资队伍结构的年龄结构、学缘结构、国际化程度等，尤其是学术研究结构和可持续发展能力。

在学科评估中，数据填报和材料审核也是对学科发展的总结与升华，旨在帮助学科进一步凝练学科优势特色。要全面结合学科发展历史，科学把握学科内涵归纳，提炼各学科建设亮点及成效，力争彰显学科优势与特色。整理各种数据资料的过程能进一步明确学科发展方向，理清思路，提供动力，对推动学科内涵发展具有积极意义。通过在工作中收集整理学校学科发展的相关资料，收集整理“双一流”建设、学科评估的相关指标要求，收集整理国内外知名高校对完善学科建设的有效经验做法，结合我校学科综合性强的特点和各学科发展实际，凝练学科特色，聚焦典型成果。围绕学校“双一流”建设和学科建设发展要求，研究相关学科国际、国内对标学科，使学科内涵得到有效提升。

党的十九大报告指出，建设教育强国是中华民族伟大复兴的基础工程，要加快一流大学和一流学科建设，实现高等教育内涵式发展。大型综合性大学学科全、规模大，但创新不够。全面提升学校核心竞争力，是实现综合性大学内涵式发展的现实需要，更是推动学校以建设世界一流大学为目标，更高质量、更快速度发展的必然选择。通过第五轮学科评估“大考”，推进学校“双一流”建设相关工作。根据“文优、理进、工改、医强”的总体思路，积极推进学科内涵建设。在实际工作中，应强化文理工医学科交叉深度融合。增强交叉融合能力，提升学校核心竞争力，推动学校内涵式发展，催生具有一批具有国际影响力的从0到1的原创性成果。

三、提升师资队伍建设水平，助推“双一流”建设

学科建设以学科评估为发展契机，提升学科建设水平，推动内涵式发展，不断提升核心竞争力和可持续发展的能力。学科建设体现在师资队伍、人才培养、国际影响力和科研成果等方面。学科建设也是群体建设，特别是在师资建设方面，更需要重视师资队伍的年龄结构、学历结构、职称结构、海外经历等基本情况，加强教师国际化水平、人才队伍结构建设以及青年教师的能力和潜力培养，特别重视团队建设和青年人才发展，提高师资队伍可持续发展能力。学校应通过加强顶层设计，明确建设目标，科学谋划，稳步推进，切实将学科建设各项工作任务落到实处。

（一）聚焦国际高端人才引进，快速提升人才队伍整体实力和竞争力

如复旦大学“中国特色、世界一流”人才工程，浙江大学“直接对标国际一流引才引智”，中山大学“一个聚焦”着眼于引进海外优秀人才等。在“四川大学海纳人才计划”的基础上，根据我校综合性大学的特点，分类制定高端人才培育、引进、聘用办法。突出“高、精、尖、缺”导向，引进和培养一批活跃在国际学术前沿、满足国家重大战略需求的一流科学家、学科领军人物和创新团队，创新人才引进机制，引进和聘用更多国际师资，提高非全职海外高端人才在师资队伍中的比例。

（二）人才工作要强调以“爱”“育”“敬”为出发点和落脚点，给予全程全面关怀

重视校内人才培育，增强学校持续发展后劲。加强学术人文

建设，营造校内人才成长的良好环境，如北京大学“兼容并包、学术自由”、武汉大学“尊重人才的珞珈文化”等。学校应以学科发展为导向，采用更加灵活的政策与工作机制，分别制定和实施各学科人才培育计划，促使全校师资队伍整体成长；加强引导与服务，帮助更多教师成为学术（科）领域的顶尖人才或领军人才。

（三）注重青年教师发展平台建设

建立和完善支持青年教师发展的体制机制，建立青年教师的职业导师制度，同时通过教师发展中心，对青年教师各种能力和技能进行统筹培训；每年遴选一批具有发展潜力和国际对话能力、有实力冲击国家重要人才项目或重大科研项目的青年教师，赴国际顶尖大学或学术大师的科研团队，进行为期 1～2 年的科学研究；拓展资金筹措渠道，加大新聘教师科研启动基金支持力度，鼓励青年教师开展自主科学研究，帮助青年人才快速成长；根据海归教师数量和比例逐年提高的现实，在青年教师的成长培养中实行双向、分类的培养战略，提高人才培养的针对性。

（四）加强专职科研队伍建设，扩大科研队伍占比

在专职科研队伍建设管理上，要进一步完善新进教师专职科研活动及时限管理，明确对其科研支持与成果考核的细则；明晰专职科研队伍的晋升和发展通道，保障其薪酬待遇与现有科研为主型教师接轨，建成一支能够对接国家和区域重大战略需求、能够支撑学校科研事业发展的富有创新活力的专职科研队伍；加强专职科研机构建设，实施新进青年教师科研导师制；在专职博士后研究管理上，要加强博士后流动站建设与管理，吸引更多海外博士进站从事博士后研究。

（五）实行人才队伍整体规划，统筹促进各支队伍协调发展

在全校建立队伍分系列分层次管理体系，完善分类引导、科学规范的全员聘用管理制度，全面启动以“晋升考核、分类发

展”为核心的动力机制建设，促进各支队伍协调发展。在管理队伍建设上，探索完善人才选聘、选调制度，推进轮岗交流和挂职锻炼，加强校、院两级管理干部队伍统筹建设，增强党政管理干部队伍活力；定期开展管理知识和业务培训，构建完善管理人员考核体系，加强管理队伍职业化、专业化建设。在专职科研队伍建设上，实行权力下放，以重大科研项目等为依托、由课题组负责人自主招聘使用。在其他技术支撑服务队伍建设上，坚持以学校事业发展需要为导向，按照规模合理、结构优化、技术精湛、敬业奉献的原则要求，统筹规划实验技术、工程技术、图书资料等各类专业队伍；完善专业技术人员岗位分类管理、岗位聘任和业绩考核机制，提高对教学科研的支撑服务水平。

（六）完善教学管理制度，确保教学工作第一要务的落实

建立教师教学工作及质量考评机制，严格执行四川大学教师职称申报评审新规定，加大在教师职称职务晋升中教学工作的考核比重，实施“教学工作一票否决制”；完善教学质量监控与保障体系，加强课堂教学评估，落实教师教学准入制和教学岗位退出制；实现教授上课全覆盖，提升课堂教学水平；完善研究生导师履职监督及导师资格动态管理机制，确保研究生培养质量提升。

（七）建立教学工作荣誉体系，使教师在教学工作中有获得感

在四川大学教学工作“三大奖”基础上，进一步拓宽社会融资渠道，设立更加丰富的奖教金，继续营造全社会重视和关注教育的浓厚氛围；制定教学和科研成果等值评价政策，激励教师崇尚教学工作；制定特聘教学岗位政策，鼓励部分教师致力人才培养。

（八）加强教学改革的研究与建设，实施现代化教育

把教育教学研究纳入教师科学研究工作的组成部分，鼓励教

师从事教学改革研究；鼓励教师申报或参与国家教材编著，弥补四川大学教材建设短板；加强四川大学信息化、数字化、智能化教学资源建设（含课程、支撑平台、图书情报等）。

（九）进一步落实“放、管、服”，加强学院办学主体建设

下放人、财、物使用管理权，扩大学院办学自主权，促使学院以高效优质的专业教育支撑学科建设；以学院为主体，在学院获取各种教育教学资源、实践教学基地的建设上提供全力协助与服务；给学院（学科）更多选择权和决定权，使更多的社会人才资源聚集，为学校提升办学质量服务。

四、结语

高等教育内涵以学科建设为基础，学科是大学的立校之本、发展之基、力量之源，是大学核心竞争力的集中体现。学校应以学科评估为切入点和契机，以评促建，以评促改，凝练优势、补齐短板，以师资队伍建设为抓手提升人才培养质量，提升学科建设水平。加快“双一流”建设，学科内涵建设既是高校基本建设任务，也是体现高校综合办学实力和核心竞争力的重要标志，还是新时代世界一流大学建设的必然要求。在当前各高校学科竞争日益激烈的态势下，学科内涵建设不容忽视。一方面要利用有限的资源多措并举抓好学科内涵的提升，另一方面要通过学科内涵的提升在人才培养、科学研究、师资队伍等方面发挥积极的促进作用。高校只有不断进行学科综合改革，才能不断提升自身专业实力以及人才的综合实力。

我国专业学位研究生教育发展历程与改革刍议*

任良科　代振东　朱立东

（四川大学研究生院　四川成都　610064）

摘　要：专业学位研究生教育主要针对社会特定职业领域需要，培养具有较强专业能力和职业素养、能够创造性地从事实际工作的高层次应用型专门人才。我国专业学位研究生教育已走过三十多年，管理制度和培养模式正趋于成熟。特别是2020年全国研究生教育会议以来，国家提出建成灵活规范、产教融合、优质高效、符合规律的专业学位研究生教育体系，为我国行业产业转型升级和创新发展提供强有力的人才支撑。专业学位研究生教育正受到前所未有的重视。回顾专业学位研究生教育发展的历程，总结专业学位培养模式改革的经验，有利于进一步做好专业学位研究生教育。本文在此基础上进一步对深化专业学位研究生教育改革作一些思考。

关键词：专业学位；培养模式；改革；职业资格

---

* 本文系四川省学位与研究生教育学会研究课题资助成果，课题编号：2021YB0305；四川省2021—2023年高等教育人才培养质量和教学改革项目资助成果，项目编号：JG2021－10；四川大学研究生教育教学改革研究项目资助成果，项目编码：GSSCU2021018。

专业学位研究生教育是培养高层次应用型专门人才的主渠道，是下一步学位与研究生教育改革发展的战略重点。相比于完善的学术学位研究生教育体系，我国专业学位研究生教育起步较晚，1990 年国家决定设置和试办专业学位教育，1991 年开始试行专业学位研究生教育制度。三十多年来，专业学位研究生教育模式不断完善。2020 年，习近平总书记对研究生教育工作做出重要指示、李克强总理做出批示，全国研究生教育会议召开，标志着研究生教育发展进入新阶段。本文基于对专业学位研究生教育发展历程的总结，分析目前专业学位研究生教育中存在的问题，对深化改革提出思考建议，以期为专业学位研究生教育改革提供参考。

一、专业学位研究生教育发展历程

（一）研究探索与稳步发展期（1990—2008 年）

1990 年，国务院学位委员会第九次会议审议通过了《关于设置和试办工商管理硕士学位的几点意见》，由此开启了我国专业学位研究生教育的序幕。随后陆续设置了建筑学硕士、法律硕士、教育硕士等 19 种专业学位。这一阶段的专业学位教育研究具有以下特点。

1. 基本数据

除了以上所列，这一时期的专业学位研究生教育还有工程硕士（1997 年）、临床医学硕士博士（1998 年）、兽医硕士（1999 年）、农业硕士（1999 年）、公共管理硕士（1999 年）、口腔医学硕士博士（1999 年）、公共卫生硕士（2001 年）、军事硕士（2002 年）、会计硕士（2003 年）、体育硕士（2005 年）、艺术硕士（2005 年）、风景园林硕士（2005 年）、汉语国际教育硕士（2007 年）、翻译硕士（2007 年）以及社会工作硕士（2008 年），共计 19 种专业学位。专业学位授权点增加到了 3200 多个，专业学位硕士年招生人数达到了 17.4 万人。

2. 建章立制

专业学位是“舶来品”，此前国内没有相关发展经验，我国的专业学位研究生教育走的是一条自主探索的道路。通过研究、试点，不断总结专业学位发展经验，逐步建立了具有我国特色的专业学位发展模式。1992 年，国务院学位委员会批准了专业学位按专业授予专业学位证书的建议，改变了学位条例中只按门类授予学位的方式。1996 年制订了《专业学位设置审批暂行办法》，对专业学位研究生教育的规范化发展起到了积极作用。特别是 2002 年，国务院学位委员会、教育部发布了《关于加强和改进专业学位教育的若干意见》，对专业学位教育的地位和作用做了明确，对专业学位教育的指导思想和发展要求做了具体规定，促进了专业学位研究生教育的健康发展。

3. 培养模式特点

专业学位教育是国家为适应改革开放的步伐和经济社会的发展，满足经济部门、厂矿企业、工程建设单位转型升级对高层次应用型人才的需求而设立的。这一阶段，专业学位研究生主要招收具有实际工作经验的企业人员，结合工作岗位采取联合培养的方式。如《工商管理硕士试行培养方案（征求意见稿）》中要求以招收有实践经验、具有一定管理素质的各专业大学毕业生为主，一般要求有四年及四年以上的实际工作经验；工程硕士招生也以在职人员为主，“进校不离岗”，根据岗位需求制订专门的培养方案，结合单位的实际应用完成硕士学位论文，毕业后回原单位工作。为了纠正培养单位降低人才培养质量标准的倾向和简单套用学术学位研究生培养方案的做法，2002 年发布的《关于加强和改进专业学位教育的若干意见》规定：要优化专业学位研究生培养方案和课程体系，体现基础性、实践性、选择性及先进性；要改进教学方法、加强案例教学与增加实践环节；专业学位论文选题要有现实针对性和应用性，内容强调在实践中应用。

（二）制度完善与快速发展期（2009—2019 年）

为主动适应和满足经济社会对高层次应用型人才的大量需求，从 2009 年开始，教育部决定将全日制专业学位研究生的招生对象扩大到应届本科毕业生，并逐年扩大招生规模。这一政策使专业学位进入研究生招生的主渠道，成为研究生教育的重要组成部分，奠定了专业学位快速发展的基础。2009—2019 年，专业学位招生类别大大增加，招生规模迅速扩大，制度建设不断完善，培养模式不断改革，专业学位研究生教育取得了显著发展。

1. 基本数据

2009 年至 2018 年，先后设立 21 种专业学位，专业学位类别达到 40 种。2018 年，国务院学位委员会将工程专业学位类别调整为电子信息、机械、材料与化工、资源与环境、能源动力、土木水利、生物与医药、交通运输 8 个专业学位类别，使专业学位达到 47 种，基本涵盖了我国主要行业产业。这个阶段专业学位授权点增加至 5996 多个，博士专业学位授权点已达 278 个。2019 年专业学位研究生年招生人数达到了 48.46 余万人，占总招生人数的 52.88%。其中硕士生 474273 人，是学术学位研究生招生人数的 1.4 倍。

2. 完善制度

《教育部关于做好全日制硕士专业学位研究生培养工作的若干意见》发布，决定扩大招收以应届本科毕业生为主的全日制硕士专业学位范围。2010 年，国务院学位委员会印发了《硕士、博士专业学位研究生教育发展总体方案》和《硕士、博士专业学位设置与授权审核办法》。也是在这一年，教育部批准了 64 所高校开展专业学位研究生教育综合改革试点工作，鼓励培养单位加快探索和建立专业学位研究生教育的新模式。2013 年，国家发布了《关于完善研究生教育投入机制的意见》和《关于深入推进专业，根据需求增减招生名额。在培养环节，高校应重构以市场需求为导向的课程体系，针对专业学位研究生职业发展和行业企业技术提升，开设新技术、新经济、新业态方面的专业课或研讨课。在毕业环节，专业学位研究生的学位论文必须以市场应用为导向，解决实践中的具体问题。

（二）树立开放与合作育人的专业学位研究生教育理念

现阶段专业学位研究生教育质量不高的一个重要原因在于以学科本位标准培养专业学位研究生。课程体系是按照教学科研人才培养目标而设置的，研究生需要掌握大量本学科的基础知识和前人的研究成果，培养过程依赖学校和校内导师单方面开展。而现在经济社会的人才市场需求发生了巨大变化，企业行业成了研究生就业的主要方向。以往那种只管培养什么样的人而不管需要什么样人的“闭门造车”的做法显然不能适应新发展阶段的要求。具有中国特色的专业学位培养模式是以产教融合为实施途径的，需要培养高校与产业行业协同育人。面对国家发展的新型产业和实施的新战略，如中国制造 2025、“互联网＋”、大数据、载人航天、探月工程等技术高度创新高度集成的前沿应用领域，高校与产业行业界更需加强协同，树立开放与合作的理念，共同培养高层次应用型专门人才。

（三）加快构建具有专业学位特色的培养体系与评价机制

以产教融合为途径推进专业学位研究生教育改革需要培养高校加强自身条件建设，构建特色的专业学位人才培养体系。优化学科专业设置，结合自身学科特色探索产教融合模式，有条件的高校要搭建接近产业真实情景的教学基础设施，推进课程改革和教学方式创新。自身资源不足的，要根据学科优势和办学特点，选择一条适合自己的产教融合途径，加强科技和知识创新转化为服务国家、地区经济社会发展的能力。整体推动较难的高校，需要分类施策、精准施策、以点带面推动改革政策的制定和落实，可以以创建一批产教融合联合培养基地和产教融合型课程、案例自由开源更显珍贵。

第二，Python 语法简单明确，容易掌握。Python 不像 C/C++那么复杂，它语言非常简单，一般学习 10 个课时左右，学生就可以进行初步编程。强制源代码缩进，使阅读程序像读英语一样，可以让学生更加专注问题本身，而不是编程语言。

第三，Python 语言生态非常好。正因为 Python 简单易学，因而其在科研领域应用非常广泛。其中与通用数值计算相关的库有 numpy、scipy、sympy、matplotlib 等，这些库高效稳定，几乎是 Python 科学计算的标准库。在理工科专业领域中也有很多专用 Python 库，例如与有限元相关的 Python 库有 FENICS、Sfepy、Fealpy、Feon 等。

第四，Python 是通用性语言，除了进行科学计算外，还可以实现 GUI 界面设计、网页设计、网络通信等功能。开发者可以用 Python 实现完整应用程序所需的各种功能，这对理工科学生完成工程项目具有极大的价值。

（二）课程内容紧密结合大数据分析、人工智能中所涉及的科学计算方法

大数据分析、人工智能已经在许多行业得到应用。理工科各个专业领域都有大量的专业数据，在处理这些数据方面，各个专业相差不大，我们提出了几个具有普遍性的通用实验题目，主要涉及科学计算的内容有以下三点。

第一，插值与拟合在数据分析中的应用。插值与拟合可以实现将二维的散点变成一元连续函数或者光滑函数，将三维空间散点变成二元连续函数或者二元光滑函数，在数据采集后补充缺失数据，这些都是数据分析常见的应用。

第二，特征值求解在数据降维中的应用。机器学习领域经常需要对数据进行降维处理，即在尽可能接近原始数据的情况下，将高维空间中的数据用低维空间的数据表示。例如，主成分分析

（Principal Component Analysis，简称 PCA）算法就是一种常用的降维方法。主成分分析算法中的一个关键的核心环节就是要求解矩阵的特征值，而如何快速求解矩阵特征值正是科学计算的研究领域。

第三，方程组求解的应用。在机器学习中有大量的问题最终归结为求解线性方程组，如何快速求解方程组是数值分析的重要内容，直接法、迭代法、分析算法的稳定性和效率都是学生应该掌握的基本内容。

（三）积极建设专业性实验题目

每个专业都有属于本专业的特殊问题。我们鼓励学生结合本专业的特点，提出具有专业特色的实验课题，具体措施有以下三个。

第一，鼓励学生自拟专业性实验课题。在遵守相关保密原则的前提下，学生可以将科研过程中遇到的具体问题作为专业性实验课题。专业性实验课题需要介绍清楚课题的专业背景和数学模型描述，提出科学计算的具体内容，对照理论上介绍的科学计算方法进行编程，并形成实验数值结果。

第二，按照专业分组建设专业课题库。相同专业的学生分成一组或若干组，讨论本专业常见的科学计算需求，形成一个具有本专业个性化的实验课题库。这个课题库应具有继承性和开放性。继承性是指高年级的学生提出的实验课题往往是低年级学生经常遇到的，开放性是指低年级的学生也可将自己的专业课题添加到专业实验课题库中。

第三，分享本专业相关的 Python 专业库包。Python 便于相关理工专业的学生使用，并将使用的结果和评价以总结报告的形式进行分享，为本年级学生和将来低年级学生快速上手使用 Python 库提供指导。

（四）建设配套网络平台

理工科研究生是一个很大的群体，仅靠任课教师完成上述工作非常困难。这就需要依托校园信息化平台，开发出崭新的教学系统来完成这些教学工作。主要思路有以下三点。

第一，建设科学计算实验网络平台。这个网络平台能够让任课教师发布实验课题作业，同时也能回收作业并在网上完成批改，个别实验课题可以实现自动批改。批改后，还可进行成绩统计。

第二，建设面向全校不同专业的科学计算问题与解答资料库。理工科学生能在此发布个人专业相关的实验课题，并能够展示实验结果。每个专业有专业课题专门维护组，维护组可以设置专业课题的实验顺序、难易程度，形成专业实验课题完整套件，以便低年级学生规划学习路径、降低学习成本。

第三，搭建科学计算资源分享平台。可以让理工科学生按照专业的不同发布与本专业课题相关的计算库包的使用情况和评价，介绍库包的使用场景和性能特点，为其他同学上手使用提供指导。

三、结束语

提高理工科研究生的科学计算能力涉及很多方面，我们从课堂教学、数值实验设计、相关网络平台建设等方面进行了研究。随着社会快速的发展，新的概念、新的技术不断涌现，社会对研究生科学计算能力的要求也不断提高。因此，对这个课题的研究也应与时俱进。我们希望开课学院能够不拘泥于教科书的内容，多选择更贴合实际社会需要的内容，在完成基础教学任务的前提下，主动发掘学生面对的科学计算中的新困难，协助学生克服困难，并形成专业科学计算知识经验库，助力研究生科研工作。

参考文献：

孔胜利. 工科研究生数值分析课程教学改革［J］. 高教学刊，2017（22）145－147.

王海军，陈兴同，杨然. 基于问题与能力培养的《数值分析》课程教学改革与实践探析［J］. 高教论坛，2020（2）43－45.

袁健美，舒适，肖爱国，等. 建设高性能计算平台，推动数学类研究生培养［J］. 湖南理工学院学报（自然科学版），2016（29）91－93.

新形势下信息公开在研究生招生中的意义与内容

朱　彬

（四川大学研究生院　四川成都　610065）

摘　要：研究生招生信息公开是招生单位密切联系考生、维护考生知情权、提高招生单位公信力和招生质量、构建和谐社会的重要举措。新形势下，招生单位应按照国家考试信息公开要求，积极创新多渠道、多平台，围绕招生录取的各项工作全程、全方位、及时进行信息公开，不断加大信息公开力度，扩大信息公开范围，积极接受广大考生和社会的监督，确保研招工作的公平公正与科学规范。

关键词：信息公开；研究生招生；公平公正

当今时代是信息化飞速发展的时代，及时掌握相关信息已成为获取成功的重要途径之一。研究生招生信息公开贯穿研究生招生的每一个环节，是研招机制改革的重要组成部分。理解信息公开意义，厘清信息公开内涵、完善信息公开管理举措对保障高层次人才选拔的公平、公正、科学具有重要意义。

一、信息公开对保障研究生招生公平、公正、科学的重要意义

（一）维护考生知情权

知情权又称为信息权、知悉权、了解权，已成为一项受我国有关法律法规保护的人的基本权利（樊本富，2017），在当今信息化、网络数据化时代，掌握信息的多少已经成为有效的竞争力之一。在研究生招生考试中，报考人数逐年增加、竞争压力日益激烈，考生通过信息公开制度，充分了解国家层面的教育方针、研招政策，各招生单位的具体政策、办法举措及相关信息，有助于考生结合自身专业背景、研究兴趣、个人能力、职业规划等，选择相对适合的报考院校。

（二）有效监督、提升公信力

各高校、相关科研院所作为为国家选拔、培养高层次人才的主体，按照教育部文件精神，结合学校自身办学理念、学科发展、师资力量、办学环境等制定相应招生政策，并在招生录取工作各环节及时出台相关信息及相应办法，履行公开义务。公开的内容是上级部门指导审查的基础，将之对外发布，接受考生、家长以及社会各方面的监督，有助于高校提高认识，严谨工作态度、规范工作流程，使得招生工作公开透明，有效防范舞弊行为，确保公平公正，真正做到“阳光招生”。

（三）吸引生源，提高研招质量

研究生招生是招生单位与考生双向选择的结果，完善信息公开制度、加大信息公开力度与范围，可以有效避免信息不对称引发的招生单位和考生的逆向选择及道德风险（王沛，2014），避免生源分布不均、选才不合理，或者生源流失无才可选。相对于本科招生，考研生及家长对专业选择的清晰度更高，通过提高招生单位信息服务的效率和信息公开的质量，促进招生单位与考

生、招生专业与考生、导师与考生的匹配度，提高人才选拔效率、增强人才选拔的科学性，促进优质生源的选拔。

（四）构建和谐环境

新中国成立 70 多年以来，我国高等教育取得了长足发展，高等教育结构也发生了重大变化。随着国家对高层次人才的需求增加、社会竞争压力增大，以及个人深造的需求增加，研究生报考人数逐年攀高，自 2016 年起，我国硕士研究生报考人数持续呈现高增长趋势，2015—2021 年年平均增长 15.8%①，2022 年更创下新高，达到 457 万，较 2021 年增长 80 万，部分部属院校研究生招生人数已与本科招生持平甚至超过本科招生数量，研究生招生日益进入社会大众视野，越来越成为社会高度关注的焦点，关乎广大考生的直接利益。招生单位在招生过程中的信息透明公开，有助于提升教育部门的公信力，净化象牙塔，对构建和谐社会具有重要的作用。

二、研招工作中信息公开的内容

2010 年，国务院颁布的《国家中长期教育改革和发展规划纲要（2010—2020 年）》中明确提出要“完善考试招生信息发布制度，实现信息公开透明”。自此，国家不断出台各项政策法律法规来加强和推进高校考试招生的信息公开。在此背景下，教育部于 2013 年 10 月 14 日出台了《关于进一步推进高校招生信息公开工作的通知》（教学函［2013］9 号），对高校招生信息公开范围做出明确规定：进一步扩大信息公开范围，规范公开程序和内容，提高信息公开时效，做到高校招生信息十公开。下面我们对须在研究生招生录取中信息公开的关键内容进行阐述。

① 中国教育战线 https://www.eol.cn/。

（一）招生章程及招生专业目录

招生章程是高校根据教育部文件精神具体开展本校招生工作的依据，是考生了解报考院校招生政策的主要途径，通过招生章程，考生可了解招生单位预计招生总人数、报考条件、招生类型、学习方式、报名时间及途径、考试时间、考试方式、录取办法以及联系方式、招生单位其他需要说明的事项等，是指导考生正确报考的依据，招生单位通过详细的章程说明尽可能解答考生关于报考的基本问题，并通过每年招生录取过程中反映的问题不断进行本校招生政策的调整。招生专业目录则涵盖了具体招生专业名称、代码及本专业下的研究方向、各招生专业预计招生人数以及预计接收推免生人数、报考专业的特殊要求如本科专业背景等、考试科目、复试科目、学习年限、学费等。招生专业目录的制定是一项非常严谨的工作，一些招生单位重视不足，表现为在各专业招生计划分配、专业下研究方向设置的随意性，个别专业招生人数分配过少导致报考生源不足，或研究方向随科研课题随意更换，不具一定的连续性、稳定性。招生单位应根据本单位学科特点及布局发展、生源规模、科研团队、就业前景等综合研判，科学合理制定各专业招生计划及学科研究方向，为优质生源选拔提供有力保障。

（二）招生办法、录取流程

研究生招生不同于本科招生，是对高层次人才进行选拔，高校不仅要通过全国研究生入学统一考试对考生专业基础知识进行考核，还要通过复试进一步考察学生的知识运用能力、科研思维能力、探索创新能力，甚至要对考生个人职业规划、价值观、人际交往合作能力、抗压能力等综合素质进行考核，是高校完成为谁选才、如何选才的重要体现。高校下属各院系所是招生的具体执行单位，应根据学校政策结合本单位学科特点及发展、专业培养要求、上线生源规模、复试专家队伍等制定出台具体的招生复试办法并及时发布通知，信息公开的内容要包括复试时间，地点，进入复试的成绩要求，复试各模块考查内容及其成绩占比，初、复试成绩占比，录取总成绩计算方法，录取办法，体检，收费以及后续调剂办法等。近三年，由于疫情原因，大多数招生单位采取了在线复试，由于不同于传统现场复试模式，所有复试活动都通过远程网络视频进行，向考生全方位及时多渠道公开复试有关信息就显得更加迫切和重要。教育部每年发布的《全国硕士研究生招生工作管理规定》表明，研究生复试程序规则由于并不涉及商业秘密和个人隐私（徐光木，2020），因此必须面向社会全面公开，未按要求公开的复试录取一律无效。对招生办法、录取流程的全面公开，倒逼招生单位信息发布前认真梳理招生各项流程的逻辑性、严谨性，确保研招工作的公平性、规范性、科学性。

（三）成绩、录取结果公示

对复试成绩、录取结果的公示，准确无误是最基本的要求。公示的重要性体现为其时效性。对于复试结束多长时间进行成绩公示，各招生单位做法不一。复试专家打分表示复试结束即已生成且不可更改，原则上应在最短时间内进行统分并按加权公式计算总成绩予以公示。成绩是录取的客观标准，在准确性的基础上第一时间尽早公示，对于考生来说，能够知晓自己的成绩并根据招生计划初步判断自己是否需要进行后续调剂等；对于招生单位来说，有助于打消考生及社会对复试结果暗箱操作的质疑。

（四）咨询、申述渠道

研究生招生从章程、专业目录发布，到报名、确认、考试、初试成绩公布、查分、初试合格线、复试、体检、政审，再到最终录取公示，招生工作周期长、环节多，考生在任一环节都有可能产生问题及质疑，招生单位应公布有效的咨询人员、联系方式、申诉渠道，这是保证整个录取工作公开、透明、顺利进行的重要支撑和保障。

三、信息公开的管理举措

（一）强化组织领导，完善公开制度

招生单位应高度重视信息公开的重要性、必要性，成立信息公开领导小组，制定本单位关于研究生招生信息公开的相应条例及制度，明确信息公开的主体、内容、方式，做到信息公开有记录、有规则、有流程，促进信息公开工作的常态化、制度化和规范化建设。

（二）拓展公开渠道，多元公开载体

进一步拓宽工作思路，利用现代信息化手段，更加便捷地推进信息公开。利用学校新闻主页、研招网主页、院系所网页、官方微信公众号、微博以及社会媒体及时向公众发布招生政策及信息，通过“互联网+”进行招生单位工作人员、导师与考生的面对面沟通答疑，促进招生宣讲，政策解读，创新多种公开渠道，利用多元化载体，确保信息传播的畅通和时效。

（三）完善公开监督，落实公开服务

学校纪检及相关部门加强对信息公开的监督检查，搭建平台鼓励考生及社会人士参与监督，在工作中不断完善改进，进一步提升公开信息的广度和深度；强化信息公开主体的责任意识，“谁公开、谁把关”“谁公开、谁解释”，强化工作人员的培训，确保服务到位。

四、结语

研究生招生信息公开化是我国研究生招生工作的重要举措，是提高研究生招生质量、公平招生的重要体现，贯穿研究生招生全过程。为切实做好研究生招生的各个环节，为不同群体提供多样的服务，高校应以促进公平公正、科学选才为导向，认真贯彻

落实国家和教育部相关文件精神，积极主动地公开各类招生信息，创新拓宽公开渠道，强化制度保障，主动接受社会监督，确保招生工作公开透明。

参考文献：

樊本富. 加强信息公开 确保高校考试招生公平公正［J］. 中国考试，2017（6）：39－42.

王沛. 研究生招生工作中信息不对称问题研究［J］. 教育教学论坛，2014（43）：6－8.

徐光木. 研究生复试程序及其法律价值［J］. 教育与考试，2020（5）：60－65.

破“五唯”视域下的博士生“申请—考核”制再思考*

邓宏亚　刘　猛

（四川大学研究生院　四川成都　610065）

摘　要： 博士生“申请—考核”制招生逐渐成为博士生招生改革的主流趋势，但从破“五唯”视域下审视，部分“唯”的问题却在博士生“申请—考核”制运行过程中日渐凸显，这些问题的产生与传统考试文化、人才评价体系固化、博士生身份属性密切相关。针对博士生“申请—考核”制中存在的“唯”问题，本文建议取消不合理申请资格限制、实行代表作专家评议制度、丰富多元评价体系。

关键词：“申请—考核”制；博士生；破“五唯”；对策

2018年，习近平总书记在全国教育大会上强调，要扭转不科学的教育评价导向，坚决克服唯分数、唯升学、唯文凭、唯论文、唯帽子（简称“五唯”）的顽瘴痼疾[②]，明确指出教育评价领域存在严重的“五唯”倾向。2020年6月30日，中央全面深

---

* 本文系四川省学位与研究生教育学会项目成果，项目编号：2020ZD03。

② 习近平出席全国教育大会并发表重要讲话[EB/OL].(2018-09-10)[2021-12-16]. http://www.gov.cn/xinwen/2018-09/10/content _ 5681848. htm.

化改革委员会第十四次会议审议通过的《深化新时代教育评价改革总体方案》以纲领式文件对“五唯”现象的破除做出明确部署，指出要改进结果评价，强化过程评价，探索增值评价，健全综合评价，着力破“五唯”，其中对研究生招生考试制度的改革亦提出了新的要求，即“深化研究生考试招生改革，加强科研创新能力和实践能力考查”①。在当前人才评价破“五唯”视域下，如何进行科学、有效的评价依然是核心要义。博士生“申请–考核”制作为研究生招生选拔制度的新举措，亦需要破除“唯”的现象，进行科学、公正的评价。

一、博士生“申请–考核”制实施中的“唯”问题现状

2007年北京大学、复旦大学开展博士生“申请–考核”制试点，至今已有十余载，“申请–考核”制逐步扩散至全国高校，目前已成为“双一流”高校博士生选拔的主流形式（周文辉、贺随波，2019）。随着博士生“申请–考核”制的不断扩散，学界关于该制度的研究热度不断攀升。已有的研究主要集中在“申请–考核”制的历史演变（叶晓力、欧阳光华，2017）、实施情况（周文辉、贺随波，2019）、效果评估（李海生，2020）、问题与局限（陈涛、白中英，2021）、优化路径（罗英姿、刘泽文、张佳乐等，2016）、理论探讨（张熙、郭二榕，2020）等方面，深化了我们对该制度的认识。

虽然已有研究并没有直接针对博士生“申请–考核”制的“唯”问题展开探讨，但部分学者依然注意到“申请–考核”制中“唯”的倾向，如刘阳等结合6所“985”高校2017年的招生

① 中央深改委审议通过《深化新时代教育评价改革总体方案》[EB/OL].(2020–07–01)[2021–12–16]. http://www.gov.cn/zhengce/2020–10/13/content_5551032.htm.

简章分析，发现部分院校在申请条件上对论文发表的级别和数量、院校出身、课程成绩等中的一个或多个要素设置有要求（刘阳、林荣日，2018）；周文辉等通过分析 144 所高校 2020 年招生文本材料，指出部分高校在制定博士生招生“申请-考核”制实施细则时对考生的学历背景、外语水平、科研成果以及学业成绩等方面设置了相关的准入条件，存在“唯学历”“唯论文”“唯分数”的不良导向（周文辉、付鸿飞、贺随波，2020）。王顶明（2019）认为有的高校过分强调学历出身、科研成果和外语测试成绩，这些做法一定程度上也存在“唯学历”“唯论文”“唯分数”的倾向，不利于博士生人才培养的良性生态构建（王顶明，2019）。

关于教育评价领域的“五唯”问题，谌红桃（2018）认为基础教育领域的特有“唯”，是“唯分数、唯升学”，而陈晓娟、任增元（2020）认为“唯文凭、唯论文、唯帽子”是高校教师评价领域特有的导向。事实上，在人才选拔领域广泛存在此类现象，博士生“申请-考核”制选拔评价体系也不例外，如部分高校在报考资格中即对考生本科和硕士阶段平均学分绩点均有要求，而且要求不低，倘若考生达不到其设置的分数要求，将会丧失报考资格，有“唯分数”之嫌；此外，亦有高校对考生的学习经历提出明确要求，如“双一流”建设高校应（往）届毕业生，或其他高校的“国家重点学科”或“教育部学位中心全国最新一轮公布的学科评估结果 B 以上学科”应（往）届毕业生，有“唯学历”之嫌；还有部分高校的二级学院对考生报考条件设置了论文发表要求，考生除满足学校报考基本条件外，还要满足学院对论文发表及级别的要求。尽管“唯”的内容所指并不相同，但其所对应的评价问题本质没有改变，“五唯”的“五”只是一种泛指，代表了科研评价最突出的几个问题，“唯”字本身才是强调的重点（黄梓根，

2021)。

综上所述，虽然博士生“申请－考核”制经过十余年的发展与完善，考核程序相对完备且已成为主流的博士研究生选拔方式，但在选拔过程中依然存在“唯分数”“唯学历”“唯论文”的倾向。

二、博士生“申请－考核”制选拔过程中的“唯”问题归因

博士生“申请－考核”制作为一种多元评价机制，从形式上打破了传统招考统一考试的形式，不再以分数作为决定考生是否进入面试环节的唯一凭证，本质上是对教育评价领域“唯分数”论的破除举措。然而其在现实运行之中却将教育评价领域固有的“五唯”视角带入评价之中，主要有以下原因。

一是受传统考试文化的影响。博士生“申请－考核”制度虽然取代了传统统一笔试选拔人才的方式，但其实质依然属于选拔性考试，受我国古代“学而优则仕”的科举考试传统观念及基础教育领域长久追求“唯分数”“唯升学”的浸染，扭曲了我国教育领域的评价观。正如有学者所指出的，我国现行的、以中高考为代表的教育考试评价体系，在为学生成长、国家选才、社会公平做出历史性贡献的同时，也因其具有改变个人命运的高利害性，让人们对考试分数竞相追逐（刘志军，2021)。如此，在博士生“申请－考核”制报考环节设置本科或硕士成绩绩点乃至平均分数的要求也就不奇怪了。

二是教育评价固有的“五唯”依赖迁延至博士研究生选拔领域。分数、升学、文凭、论文、帽子已成为我国教育体系的主要评价指标，形成了教育评价的路径依赖。这五项指标不断强化，成为学生、教师评价体系中最根深蒂固的存在（鞠光宇、马陆亭，2019)。利用现成的“五唯”指标对大量的博士研究生报考者的材料进行审核具有便捷、高效乃至相对公平的优势，是一种

审计文化的再现（操太圣，2019）。

三是由博士研究生的身份属性决定的。博士研究生作为高等教育学历层次最高的群体，其培养模式注定是精英教育，其培养质量关乎实现教育强国的重要意义（赵红军、陈薇、陈谦明，2015）。因此，博士研究生的身份属性不仅仅是学生，其还是科学研究的参与者与创造者（卢盈，2022）。其研究者的身份属性，造成博士培养过程中的学术科研要求，比如博士生需发表一定数量级别的论文才能取得学位。博士生“申请－考核”制中出现的“唯论文”倾向，实际上是博士生培养评价过程中功利化前置的表现。

综上所述，博士生“申请－考核”制是高校招生录取工作的一种重要形式，其直接功能为选拔人才。然而，受传统应试文化、现行教育评价制度、博士生培养制度的影响，在招生录取阶段难免会存在“唯分数”“唯论文”“唯学历”的现象。

三、破“五唯”视域下的博士生“申请－考核”制完善路径

一是取消报考环节不合理的本硕阶段分数、论文发表级别、获奖级别、学历背景资格要求，着力实现教育机会公平。《国家中长期教育改革和发展规划纲要（2010—2020 年）》指出，教育公平的关键是机会公平。在申请报考阶段，除基本的学历、学位、政治品格、健康等要求外，招生院校应不得设置关于院校出身、前置学历阶段成绩、发表论文及获奖级别的具有“唯”问题的资格限定。“申请－考核”制本质是为了改善传统招考中的“唯分数”现象，倘若仍在报考资格中设置前置学历阶段成绩要求，显然与制度设计的初衷相违背。而论文级别、获奖级别的要求更是“唯”的典型特征。至于学历出身，有学者指出，“博士生的院校出身并不决定博士生的质量”（罗英姿、刘泽文、陈小满等，2018），部分在本科或硕士毕业院校上并不占优势的博士

生读博期间的科研产出高于其他博士研究生（汪雅霜、王雅晶，2021）。

二是加强科研创新能力和实践能力考查，实施代表作、标志性成果的专家组评议制度，破除刊物、成果级别迷信。不再简单地以发表论文数量，期刊级别，项目数量、级别乃至获奖数量、级别作为科研创新乃至实践能力的主要评价指标。参照部分学校院系实行的代表作、标志性成果专家组评议制度，即使是某些刊物级别、项目级别、获奖级别并不高的成果，只要能够获得专家组的认可，亦可给予较高评价权重；甚至部分未公开发表的成果，只要质量优秀，亦可纳入评价考核。

三是拓宽评价维度，构建综合多元的评价体系。破解“唯”的关键在于“多维”（陈菲，2021），在博士生“申请-考核”过程中不能过度看重论文发表级别、学历出身及考试分数等，其他能够证明考生个人资质的证明材料同样值得关注。可参照饶武元、刘华关于从知识、能力、品德、业绩和贡献度五个维度构建的“申请-考核”制评价体系（饶武元、刘华，2022），并细化分级指标设置，根据学科、专业、培养目标的差异设置相应的权重区间。此外，不仅要重视申请材料的评审，亦要重视考核过程，参加评审与考核的专家只能在相应区间内给出分值，既能保证评审的客观性，又能督促评审专家认真履职。

四、结语

博士生“申请-考核”制经过十余年的扩散传播，在申请程序、考核流程设置上已经相对完善，成为当前高校选拔博士生的主流方式。然而，将其置于当前教育评价领域“破五唯”的大背景下重新审视，我们发现教育评价领域固有的“五唯”依赖迁延其中，突出表现为“唯学历背景”“唯论文”“唯分数”等，这深刻制约着教育机会公平乃至立德树人根本任务的实现，只有切实破除不合理的申请资格限制、实行代表作专家评议制度、丰富多元评价体系，才能进一步完善制度设计，科学地选拔人才。

参考文献：

操太圣."五唯"问题：高校教师评价的后果、根源及解困路向［J］.大学教育科学，2019（1）：27—32.

陈菲.新时代教育评价改革的价值导向与实践路径［J］.教师教育论坛，2021（12）：17—20.

陈涛，白中英.我国博士招生"申请－考核"制改革的反思与重构［J］.高校教育管理，2021（1）：29—37.

陈晓娟，任增元.高等教育评价：超越"五唯"的价值意蕴与体制支撑［J］.大学教育科学，2020（6）：9—12.

谌红桃.高校克服"五唯"顽瘴痼疾的理论依据与实践路径［J］.中国高等教育，2018（24）：22—24.

黄梓根.排行追逐：大学"五唯"破而未除的根源所在［J］.大学教育科学，2021（04）：54—61.

鞠光宇，马陆亭.根治"五唯"顽瘴痼疾——完善考试招生制度［J］.中国考试，2019（1）：15—18.

李海生.博士生申请考核制实施效果及其归因初探——基于对7320名博士生导师的问卷调查［J］.江苏高教，2020（10）：82—87.

刘阳，林荣日.博士生申请考核制招生制度的现状、问题与改进——基于2017年6所"985高校"博士生招生简章的分析［J］.研究生教育研究，2018（02）：29—35.

刘志军."五唯"的来源及破解之道［J］.教育测量与评价，2021（1）：3—5.

卢盈.学术"锦标赛制"与博士生学术发展［J］.黑龙江高教研究，2022（4）：120—124.

罗英姿，刘泽文，陈小满，等.博士生教育质量IPOD评价模型构建与实证分析——基于六所高校1107名毕业博士的数据［J］.教育科学，2018（3）：67—74.

罗英姿，刘泽文，张佳乐，等.博士生招生"申请－考核"制下的行为选择与制度安排［J］．教育发展研究，2016（5）：58—64．
饶武元，刘华．博士研究生“申请–考核”评价指标体系的建构研究［J］．理论观察，2022（1）：153—160．
汪雅霜，王雅晶．博士研究生招生“申请–考核”制实施成效评价——基于某“双一流”建设高校的实证分析［J］．学位与研究生教育，2021（9）：49—55．
王顶明．博士生招生“申请–考核”制的现状、问题与建议［J］．中国研究生，2019（4）：52—55．
叶晓力，欧阳光华．我国博士研究生招考制度：历史、现状及趋势［J］．研究生教育研究，2017（3）：26—30．
张熙，郭二榕．高水平大学博士生招生的多重制度逻辑——基于组织社会学的视角［J］．学位与研究生教育，2020（2）：39—43．
赵红军，陈薇，陈谦明．“精英化教育”语境下博士招生制度的选择——对博士研究生招生“申请–考核制”的思考与探索［J］．研究生教育研究，2015（5）：31—35．
周文辉，付鸿飞，贺随波．博士生招生“申请–考核”制的政策现状、主要问题与完善路径——基于144所高校“申请–考核”制政策文本的分析［J］．中国高教研究，2020（12）：82—88．
周文辉，贺随波．博士生招生“申请–考核”制在我国“双一流”建设高校中扩散的制度分析［J］．中国高教研究，2019（1）：72—78．